いま、幸せかい？

「寅さん」からの言葉

滝口悠生 選

文春新書

1242

まえがき

二〇一八年の夏、「男はつらいよ」シリーズの新作が制作される、という驚きの発表があった。いったい誰がそんなことを予想できただろうか。たまたまアメリカ滞在中にそのニュースを知ることになった私は、なにかの間違いか、それともこれが噂のフェイクニュースか？　とにわかには信じられなかった。

しかしそれは本当だった。年末には「撮影順調」の報が届き、そして今年（二〇一九年）、とうとう新作にして記念すべきシリーズ第50作「男はつらいよ　お帰り　寅さん」が公開される。本書は、その新作公開を記念して企画された同シリーズの「名場面集」である。

過去全四十九作の名場面は数限りない。全部挙げていたら辞書のような分厚い本になってしまう。選者としてはそれでもいっこうに構わなかったのだが、出版社としてはやはりそうもいかないらしく、全作の完成台本を読み通してまず五百ほどピックアップした場面やセリフから、最終的に百五十ほどに絞り込んでいく形になった。

ここでは簡単にその過程や経緯を記したいが、その前に選者のことをご存知ない方も多いと思うので自己紹介をしておくと、選者は幼少期から「男はつらいよ」シリーズに触れ、二十代よりシリーズ全作を繰り返し観続けてきた、いちファンの小説家である。二〇一五年に「男はつらいよ」をモチーフにした『愛と人生』（講談社）という小説を発表し、単行本刊行時には山田洋次監督に帯文をいただく僥倖にも与《あずか》った。そんなご縁もあって今回光栄にも選者の役を仰せつかったのだが、書くこと、そして読むことを仕事としている者にとって、「男はつらいよ」全作を文字で読む、という経験は大変おもしろい経験で、映像で楽しむのとはまた違う新鮮な喜びと楽しみがあった。そしてたくさんの発見もあった。

実は本書の企画は当初、「名言集」あるいは「名セリフ集」を編もう、というものだった。しかし、台本を読んでいくうち気づいたのは、映像で観ると印象的なセリフでも、そのひと言だけ抜いて文字で読んだのでは、なかなかその魅力が十全に伝わらないことも多い、ということである。

当然ながらそこには俳優の声も表情もないのであって、どんな名セリフも映像で観るのと文字で読むのとでは全然違うのだ。

また、そもそも「男はつらいよ」のセリフの魅力は、登場人物たちのやりとりやかけ合い、ウィットに富んだ混ぜっ返しなどが混交されたうねりのなかから生まれるものが多いことにも気づかされた。だから、ひと言だけ引くと単に笑えるセリフであっても、その前後を併せて見ると、そのひと言が笑えるだけでなく微妙な悲哀を帯びてくる、というようなことがしばしばある。

コアなファンに向けるだけなら、ひと言を抜くセリフ集でもいいのかもしれない。既に何度も映画を観ているひとなら、そのひと言だけで、役者の声や調子、あるいはそのひと言に至るやりとりなどもすぐに思い出せるからだ。実際、そういうセリフ集、名言集の類ならば先行する出版物は既に多くある。しかし本書は企画当初から、「コアなファンだけでなく若いひとにも読んでもらえる本にすること」を方針のひとつにしていた（それは山田監督が新作にこめた思いにも通じると思う）。若輩の私に声がかかったのも、それゆえと思う。となれば、自分と同世代や自分よりも年下の、まだ

「男はつらいよ」を観たことのないひとが文字だけで読んだときにも、その魅力をちゃんと感じとれるような言葉を選ぶ必要がある。

そこで、本書はセリフを短く抜くのではなく、やりとりの妙を味わえる「場面」を中心に選ぶ方針を立てた。そのうえで七つの章を設け、選んだ各場面を振り分けて構成した。各場面には、必要に応じ場面の簡単な説明と、選者によるコメントを添えた。

右の方針ゆえに、本シリーズを代表するような名場面であっても、その魅力を文字だけで伝えるのが難しいと判断した場合には泣く泣く外さざるをえないことも多かった。往年のファンの方にあっては、あの場面がない、あのセリフがない、と思い当たるものがきっとたくさんあると思う。しかしその気持ちは選者も同じなのでどうかご容赦願いたい。文藝春秋社には、新書といわずいずれ分厚い辞典のような寅さん本を刊行してほしい。

章立てについては、各章の冒頭にも短い解説をつけているので詳しくはそちらをご覧いただきたいが、とりわけ「第4章　女性の生き方について」「第6章　みんなが語る寅さん」「第7章　満男へのメッセージ」の三章は、本書の特色となりうるものかもしれない。

いずれも、従来の見方とは少し違う角度から捉えた「男はつらいよ」観が示されているのではないかと思う。それは、本書を編むにあたって選者自身が新たに持ち得た視点でもある。全作の台本を通読し、「男はつらいよ」という作品世界を俯瞰的に捉えることで、右の三章に対応する形で、「シリーズの初期から一貫して自立的な女性のあり方が示されていたこと」「周囲の人びとの言葉が、寅の言葉以上に寅を言い表していること」「寅と満男のリレーションシップがこの映画シリーズにおいて持ちうる意味」に気づくことができた。

ちなみに全国公開からひと足早く試写で観た新作では、右の三つの要素がいっそう先鋭化して作品を彩り、縁取っていた印象だった。選者としては右の三章を設けた目論見が図らずも裏付けられたような気持ちになって嬉しかった。

最後に、若い読者や「男はつらいよ」を観たことのない読者のために、同作の概説を付しておきたい。

「男はつらいよ」は山田洋次原作・監督による日本を代表する喜劇映画のシリーズで

ある。一年中旅暮らしの「フーテンの寅」こと車寅次郎が旅先で出会う女性に恋することを繰り返し、故郷の東京葛飾柴又は帝釈天の参道で「くるまや」（第39作までは「とらや」）という団子屋を営む家族らが寅の起こす騒動に巻き込まれる。寅の恋はいつも実ることなく失恋に終わり、妹のさくらをはじめ家族の苦労と心配は絶えない。シリーズを追うに従って、さくらの息子（寅の甥）満男もまた、寅の背を追うように旅と恋を繰り返す。

元は一九六八年から六ケ月間、フジテレビで放送された渥美清主演のテレビドラマ版「男はつらいよ」が好評を博し、一九六九年に劇場版の映画「男はつらいよ」が公開された。こちらも大ヒットとなって、すぐに次作「続　男はつらいよ」が制作され、その後、盆と正月の年二回公開のペースでシリーズ化していく（一九九〇年からは正月公開の年一回ペースに）。

テレビドラマ版から劇場版に移るに際しても、また映画シリーズ化の過程においても、主な登場人物を演じる俳優には様々の変化がある。たとえばテレビドラマ版では長山藍子と井川比佐志がさくらと博士《ひろし》を演じ、おいちゃん役はシリーズを通して三人

（森川信、松村達雄、下條正巳）が演じている。やはり途中（第27作）から満男役を演じた吉岡秀隆はシリーズ終盤においては物語の中心を担い、寅とともに二枚看板を背負うかたちになる。そのような変遷のなか、変わらなかった、いや、変えようがなかったのが主演の渥美清＝車寅次郎という存在である。

一九九六年、渥美清の死去を受け、テレビドラマから数えて二十七年続いた「男はつらいよ」シリーズは途絶えることになる（翌一九九七年「寅次郎ハイビスカスの花」の前後にわずかなカットを加えた「特別篇」が公開されている）。

日本の、いや世界の映画史を見ても、俳優と役柄がここまで一体化して、分かちがたくなってしまった存在はいない。ファンだけでなく、多くの日本人にとっても、渥美清の死は寅さんの死とイコールだった。

だからこそ、本稿冒頭に書いた新作制作の報にふれ、誰もが驚いたに違いないのだ。そして同時に、往年のファンの心中にはいくらかの不安がわきもしたかもしれない。つまり、その「新作」には渥美清演じる車寅次郎の新しい姿は存在しえない。それを本当に「新作」と呼べるのか。たとえばその「新作」とは、これまでの作品の様々な場面を組み合わせ、コアなオールドファンを懐かしませるための「名場面集」とか「総集編」みたいなものではないのか。それを我々は心から祝福し、楽しめるのか？

――新作の試写を観て、右のような不安は簡単に退けられた。それは紛れもない「男はつらいよ」の新作であり、そこには過去の寅さんの姿とともに、くるまやの人びとや、満男の姿を通して、ちゃんと新しい寅さんの姿が映し出されていた。

記録的な映画シリーズを残しただけでなく、四半世紀のブランクを挟んだ新作でその作品世界を復活させた山田洋次監督、そしてこの映画にかかわった方々の創造力は、本当にすごいものだと思う。

本書が「男はつらいよ」の新作の完成と公開を寿ぐとともに、若い読者がこの作品の魅力に出会う一助となることを願っている。

長年のファンも、未見のビギナーも、ゆっくりと文字を読み、この映画の言葉を味わってみてほしい。そして心をひかれた場面や言葉があれば、ぜひその一本を観てみてほしい。そこにはきっと、また別の名場面がたくさんあるはずだ。

［目次］

お前はヘベレケの時つくった子供だから、生まれついてバカだとよう
手前がな、生みの親じゃなかったら、ブンなぐってやるんだ！
ただの一度でいい、この口に出して、お母さーん！　て俺は呼んでみたかったんだ
好きな酒もたって一世一代の大バクチをうってよ、儲けた銭のどこが悪いんだ！
そうかい……、もう俺の部屋もなくなっちまったのかい
俺はもう二度と帰らねえよ、いつでも帰れる所があると思うからいけねえんだ
本当につらいのは、お兄ちゃんより、おいちゃん達の方かもしれないのよ
ろくでなしのあんたを、こんなに大事にしてくれる家がどこにあるかってんだ
僕が満男にどれほど夢をたくしているか……、そんなこと、子供を持ったことのない兄さ

んにわかってたまるか！
何かいいことないかね、おばちゃん。寅さんまだ振られねえかな
考えてみりゃ、あいつも可哀想なやつだったなぁ
どこの世界に祝儀に釣りを出すやつがいるんだ
とらやがなくなって、新しいビルが建ってたらどうするの？
本当は欲がなくて気持ちの優しい男なんだけどねえ、どうして顔合わすと憎たらしくなっちゃうのかねえ
別れる時はどうしてこう心が通いあうんだろうね。会う時は喧嘩ばかりして
実の妹でもなけりゃあ言っちゃあくれねえさ、これだけのことは……
一度はお兄ちゃんと交代して、私のことを心配させてやりたいわ
ほら、見な。あんな雲になりてえんだよ
でも、本当にそんな男っているのかなって、とっても信じられないような顔で……
それはね、お兄ちゃんの部屋
お兄ちゃん、よっぽど好きだったのねえ、あの人が
やっぱり、二枚目はいいなあ。ちょっぴり焼けるぜ
何か役に立ちてえと思うけども、お前達も因果だなあ。こんなヤクザな兄貴持って

それは、大人の男と女の秘密ですよ
涙が出て仕方なかったの、お兄ちゃんのこと思い出して
……バカねえ、お兄ちゃん。何やってんだろう、いい歳して

第2章　世ちがらい浮世のこと

上を見てもきりがねえし、下を見て暮らさなきゃいけねえって話だよ
「本なんか読んでるやつはロクな人間にならねえ」、そういう時代だったなあ
学問がないってことは悔しいよ。何かしてやろうと思ったって、どうしようもねえもんな
人間は、なぜ死ぬんでしょうねえ
実は、車さんは中学三年生中退なんです
そりゃ今は悲しいだろうけどさ、ね。月日がたちゃあ、どんどん忘れていくもんなんだよ
俺がアイロンかけたワイシャツじゃなきゃ嫌だ――そういう人がね、何人もいるんだよ
この界隈で店や工場をやっているやつは一日に一度やめようかと考えるんだ
おい、お前がいないと会社つぶれちゃうのか?
べらべらしゃべるのがいいんだったらば、寅ちゃんなんかどこの会社だって受かっちゃってるよ

もう嘘をつくのは嫌だよ。テープレコーダーじゃねえんだぞ、俺はありのままの自分を見せればな、それで不合格なら構わないんだ
俺からもよ、総理によーく頼んであるから

第3章　恋愛について

要するに女をつかむのは目だよ
決して相手の目を見ちゃいけねえぜ。お手々だけ、これがコタツの恋よ
いや、頭の方じゃわかってるけどね。気持ちの方が、そうついてきちゃくれねえんだよ
寅ちゃん、私のために死んでくれる？　と言われたら、ありがとうと言ってすぐ死ねる、
　それが恋というもんじゃないだろうか
男と女の愛情の問題は、実に難しくて、まだ、け、研究しつくして、おらんのですよ
そこだよ、そこで最後のセリフを言う。「アイ・ラブ・ユー」——出来るか、青年！
何も言わない、目で言うよ。お前のことを愛しているよ
あれ、まだ昼ですか？　今日夜になるの遅いな？
俺が会ったら、何するか、わからねえよ
あれが惚れた相手に言うセリフかよ

俺から恋を取ってしまったら何が残るんだ？
あいつがしゃべれねえっていうのはな、あんたに惚れてるからなんだよ
本当は会いたい、どれだけ会いたいかわからない
いいんだよ、食わなくたって。あんなきれいな人と一緒に暮らせたら、腹なんか、すかないんだよ
自分の中にその恐ろしさを感じて苦しんでるんだと思いますよ、兄さんは
自分の醜さに苦しむ人間は、もう醜くはありません
訳あって耶蘇教に宗旨替えをしたいから、よろしくなどと言っておった
惚れた女の部屋で居眠りするなんてな、そんな男に恋をする資格なんかないんだ
この女を俺は大事にしてえ、そう思うだろう。それが愛ってもんじゃねえか
愛してるって言われて不愉快に思う女がいると思う？
彼は誠実な人だし、女の子は私にとても懐いているし、何も問題はないの
話はあとで聞く。さ、すぐ追っかけて行きな
男が女に惚れるのに歳なんかあるかい
勇気を出して言え。今言わなかったらな、おじさん、一生死ぬまで言えないぞ！
旅先で、ふるいつきてえようないい女と巡り会うことさ

若い時っていうのはな、胸の中に炎が燃えている。そこに恋という一文字を放り込むんだ。
パアッと燃え上がるぞ
はっきり言うけどな、一度や二度失恋した方がいいんだよ。失恋して人間は成長するんだい
何百万遍も惚れて、何百万遍も振られてみたいわ
燃えるような恋をしたい
リリーの夢をかなえてやるのよ
お兄ちゃんとリリーさんが結婚したらどうなると思う？
リリー、俺と世帯持つか
リリーさんがね、お兄ちゃんと結婚してもいいって
カッコなんて悪くたっていいから、男の気持ちをちゃんと伝えて欲しいんだよ、女は
今だから言うけど、お兄ちゃんとリリーさんが一緒になってくれるのは、私の夢だったのよ

第4章　女性の生き方について

結婚したら、君はバラの手入れだけしてりゃいいんだよって
ほら、日本には未亡人なんて、嫌な言葉があるじゃないの
男に食わしてもらうなんて、私、まっぴら

きちんと話し合える自信あるのね？
上役がグチグチ言うもんだから、頭にきて辞めちゃったの
これがひどい会社なんだってよ。何しろな、便所行ってる時間まで調べてるんだとさ
ふと気がついてみると、私ももう若いとは言えない歳になってしまった
こういう時、親父は黙ってるもんだよ
同じ職場で好きな人ができたんだけど、結婚したら会社やめなきゃいけないって言うの
ママを一人の女性として見ることができないのは、私の心に何か嫌らしい汚いものがあるからなのよ
可愛いだの上品だの。そんな言い方は泉ちゃんに対する侮辱だよ
満男さんは恵まれた家に育ったからそんな風に言うけど、私は違うの。私が行くしかないの
幸せが来るのを待つなんて嫌。第一、幸せが男の人だなんていう考え方も嫌い。幸せは自分で摑むの

第5章　旅と渡世のこと

それがいけねえのよ、一杯が二杯になり三杯になる
俺の故郷にな、ちょうどあんたと同じ年頃の妹がいるんだよ……

何だか急に悲しくなっちゃって涙が出そうになる時ってないかい？
遠く灯りがポツンポツン……。ああ、あんな所にも人が暮らしているか……
いま、幸せかい？
冗談言っちゃいけないよ、正月はこっちの稼ぎ時だい
俺は暇だったらな、もう腐るほど持ってんだから、持ってねえのは金だけだい
いい歳こいて渡世人稼業をやってんのは俺みてえなバカばっかりだ
楽しかったんだよ、寅さんと旅した何日か。またああいうことないかなあ
さて、どっちのほう行ったらいいかなぁ
その海をずうっと行くと、俺の故郷の江戸川へつながるわけだ
旅というものはな、行き先を決めてから出かけるもんじゃねえんだよ
そんなことをしているうちにどんどんどんどん年月が経っちゃうと、こういうわけだ
あってもなくても、どうでもいいみたいな。つまりさ、あぶくみたいなもんだね
海ってのはいくら見ても見あきねえからなあ
抜けるような白い肌。それがうれしい時なんかパアッとサクラ色に染るんだよ
他の人にはなくってね、伯父さんにありあまるもの、それは暇だよ
いいか、お前と俺が兄弟分だったのは昔のことだ

ずばり言わしてもらうぜ。手え引いてもらいてえんだ

たった一度の人生を、どうしてそう粗末にしちまうんだ

寅ちゃんとなら一緒に暮らしてもいいって、今ふとそう思ったんだけど

寂しなるなあ。あの男がおらんようになると

亭主の兄弟分という人にずいぶん会ったけど、いませんよ、寅さんみたいな人

いいねえ、寅さんはみんなにやさしくしてもらって

私が会いたいなあと思うてた寅さんは、もっと優しくて、楽しくて、風に吹かれるタンポポの種みたい

お父さんの小難しいお説教よりよっぽどためになる言うてな、ぼっけえ評判じゃったが

僕たちは、兄さんのことを頭からダメな人間だと、決めつけてしまっているんじゃないでしょうか

くさくさした時あいつの顔思い出すと、何となく気が晴れるもんなあ

私、人妻になって初めて寅さんの魅力わかったんだもん

首すじのあたりがね、どこか涼しげなの。生活の垢がついていないって言うのかしら

かわいらしい少年に見えたり、かと思うと、うんと歳上の頼もしいお兄さんみたいに見えたり
人生にはもっと楽しいことがあるんじゃないかなって思わせてくれる人なんですよ
寅さんと話してるとね、何て言うのかな、私が一人の女だということを思い出すの
近頃は金儲けしか考えん人間が、この門前町にも増えてきましたから、寅のような無欲な男と話してると、むしろホッといたします
つまり、僕はあなたのそばにいるだけで、リラックスできるんです
故郷のかたまりみたい
そりゃね、普通の伯父さんのことだよ。寅ちゃんはね、普通じゃないんだよ、悪いけど
あなたにとっては困ったお兄さんかもしれんが、満男君にとっては頼りがいのある伯父さんなんじゃないんですか
あの伯父さんはね、手の届かない女の人には夢中になるんだけど、その人が伯父さんのことを好きになると、慌てて逃げ出すんだよ
髪結いの亭主なら寅にもつとまると思いませんか、さくらさん
美人に弱くってな、よせばいいのにすぐ好きになって、最後は必ず振られんだから
寒い冬の日、お母さんが、かじかんだ手をじっと握ってくれた時のような、体の芯から温

まるような暖かさ

言ってみれば滅茶苦茶な人がだよ、ああいう非常事態では意外な力を発揮する

あの厄介な人がいなくなってホッとしたりもしましたが、こうしてひとりで手紙を書いて
いると、ちょっぴり寂しくもあります

第7章　満男へのメッセージ

お前もいずれ恋をするんだなあ、あ〜あ、可哀想に

お姉さんと別れた後、伯父さん、電車の中で涙こぼしてた

人間は何のために生きてんのかな？

大学へ行くのは何のためかな？

何言ってんの、伯父さんは否定したんじゃなくて、否定されたのよ

さあ、満男、お前も一人前だ。さあ、一杯いこう

だって恋というのは、美しい人を美しく思う気持ちのことだろう

僕は近頃、なぜかこの人に魅力を感じるんだ

軽いノリで、アイラブユー

こんなこと言うと、笑われるかもしれませんが、私は、甥の満男は間違ったことをしてい

ないと思います
あんまりガキ扱いにすると満男が可哀想だぞ。あいつはもう立派な大人なんだ。一人前に扱ってやれ
満男、困ったことがあったらな、風に向かって俺の名前を呼べ。伯父さん、どっからでも飛んできてやるから
タコ社長は、寅さんが一番幸せだとよく言うけど、伯父さんは本当に幸せなんだろうか
世の中で一番美しいものは恋なのに、どうして恋する人間はこんなにぶざまなんだろう
思ってるだけで何もしないんじゃな、愛してないのと同じなんだよ
旅行したからってどうにかなるもんじゃないでしょう、伯父さんじゃあるまいし
満男、伯父さんの顔をよーく見るんだぞ。わかるな、これが一生就職しなかった人間のなれの果てだ
何でこう親父っていうのは訳のわからないことばっかり言うんだろうと思ってたけど、今それと同じこと自分の息子にしてんだもんなあ
バカヤロー、男は諦めが肝心なんだ
そいつと勝負すりゃいいんだよ
燃えるような恋をしろ。大声出して、のたうち回るような、恥ずかしくて死んじゃいたい

ような恋をするんだよ
伯父さんは、他人の悲しみや寂しさがよく理解できる人間なんだ
いいじゃないか、無様で。若いんだもの

「男はつらいよ」シリーズ作品リスト

カバー、扉写真　松竹提供

〈車家〉

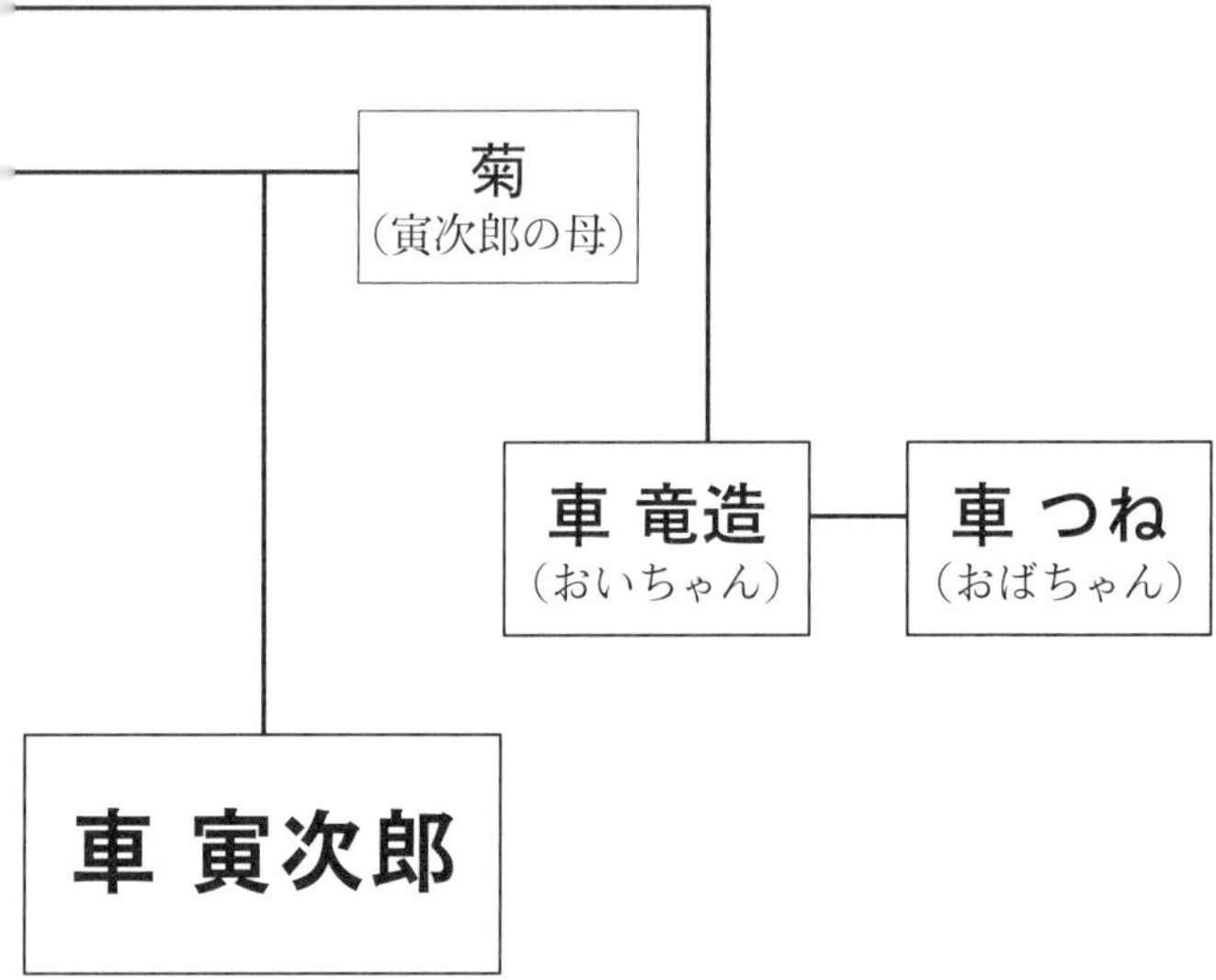

〈題経寺〉

［登場人物相関図］

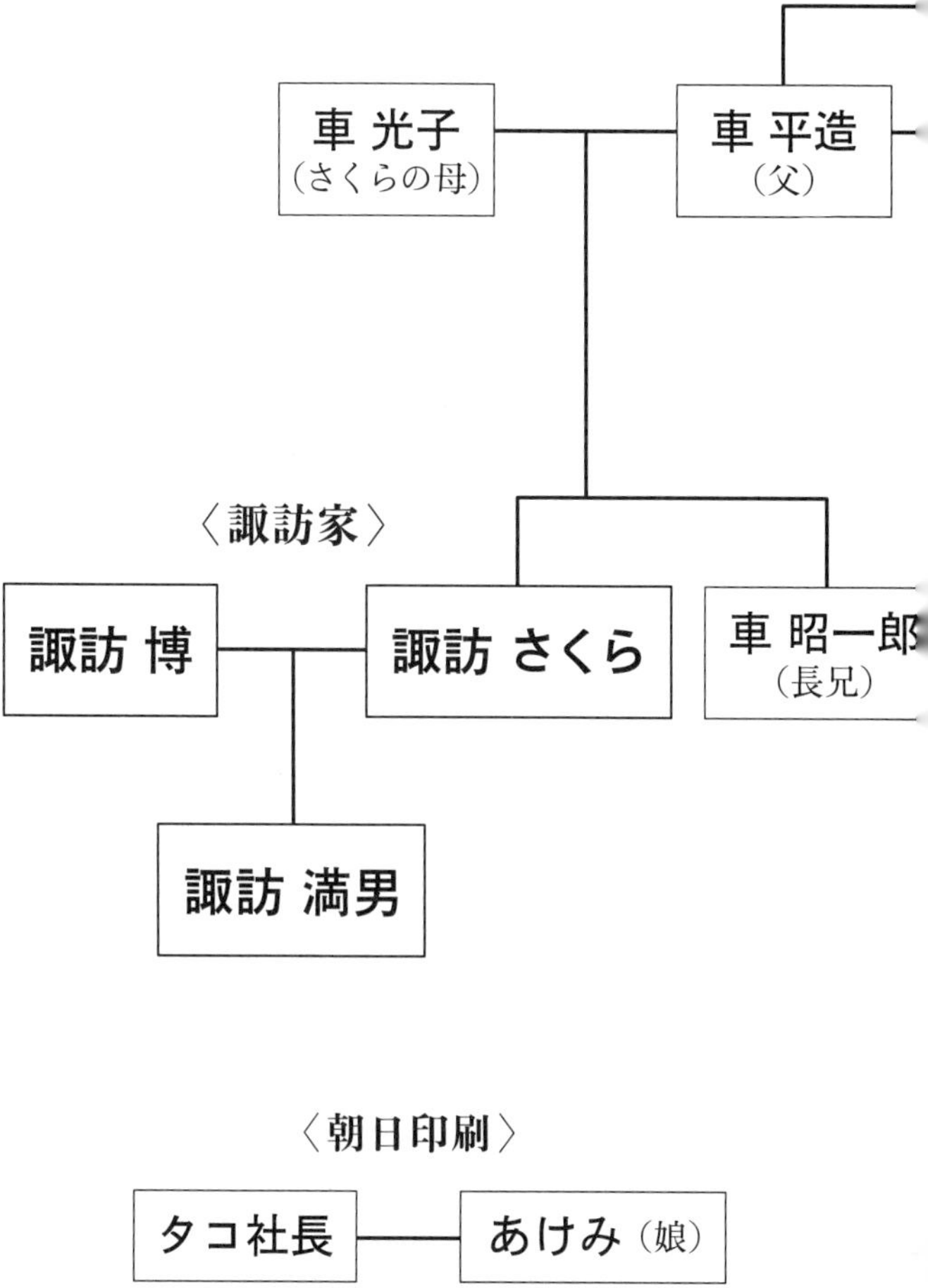

【凡例】

・各章冒頭にテーマ設定について選者による解説を掲載した。
・台詞はオリジナル映像に、文字表記は原則として最終台本に拠ったが、読みやすさを考慮して適宜改めた。
・シーンの冒頭にある場面説明は編集部によるもの。
・シーン末尾のコメントは選者によるもの。
・「とらや」は第40作で「くるまや」に名称変更されたが、本文中では適宜使いわけた。

第１章

家族について

㉛「男はつらいよ　旅と女と寅次郎」

「男はつらいよ」をよく知らないひとでも、寅の実家である「くるまや」の茶の間で家族が団らんしている光景はなんとなく思い浮かべることができるのではないか。

旅から帰るたびにもめ事を起こす寅と、結局それを許し続ける家族。その温《ぬる》くて温《あたた》かい家族のあり方はどの作品にもよく表れているが、実はこの家族の成り立ちは複雑である。

寅次郎とさくらは母親が違う。父親が芸者に産ませた子どもが寅だ。くるまやのおいちゃん（竜造）とおばちゃん（つね）は兄妹の叔父と叔母であり、子どものいないこの夫婦が兄妹の育ての親になった。実の親子ではない。その事情にわだかまりがないわけではない。けれども彼らは「家族」になった。

「血のつながっていない」親きょうだいも家族になれる。無思慮にイコールで結ばれがちな「血縁」と「家族」とは、「男はつらいよ」においてはしばしば対立する関係に置かれる。「男はつらいよ」は「血縁」を超えようとする「家族」の物語でもあるのではないか。

お前はへべレケの時つくった子供だから、生まれついてバカだとよう

さくらのお見合いの席ですっかり酔ってしまった寅。

部長「まあ、お兄さん、そういう話はまた別の機会にね」

寅「いや、そんなことないよ。こういうことはハッキリさせとかにゃ、さくらが可哀想だからね。私の親父ってのはね、大変な女道楽。私のおふくろってのは芸者なんですよ。その親父が言うにはね、親父がへべレケの時、私ゃつくった子供なんだってさ、うん。

親父はね、私のことをぶん殴る時いつも言ってたね。お前はへべレケの時つくった子供だから、生まれついてバカだとよう。兄《あん》ちゃん口惜しかったなぁ、酔っぱらってつくったんだもんな、俺のこと……」

さくら「お兄ちゃん……」

寅「真面目にやってもらいたかったよ、俺は本当に！」

①男はつらいよ

手前がな、生みの親じゃなかったら、ブンなぐってやるんだ！

京都で働く実母の菊と再会した寅だったが、「何の用事や」と言い返されて喧嘩に。

寅　「誰が手前に生んでくれって頼んだ。俺は手前なんかに生んでもらいたくなかった。ひりっぱなしにしやがって、ひとのことほったらかして雲がくれしやがって、手前、それでも親か！」

菊　「ひりっぱなし……、ひりっぱなしとはよう言うたな」

寅　「手前、俺を捨てたんじゃないか！」

菊　「やかましいやい！　何ぬかしてけつかんだい、このアホ！　お前らに親の気持ちがわかるか！　どこぞの世界にな、自分の子どもを喜んでほうる親がどこにあるんじゃ！　ええ、何も知りやがらんと好き放題のこと言いやがって、このバカヤロ、出てゆけ！」

寅　「（胸ぐらをつかんで）畜生オ！　このヤロー！」

菊　「何しやがんだい、何しやがんだい、お前！」
夏子「寅ちゃん！」
寅　「手前がな、生みの親じゃなかったら、ブンなぐってやるんだ！」
菊　「おう、なぐってもらおうかい、やってもらおうかい、やれや！」
寅　「畜生ッ！」

②続　男はつらいよ

実母と寅の言い合い。これに限らず、初期の作品のけんかは苛烈である。

菊はこのあと第7作で一度だけ出てくるが、その後は一切登場しない。初期においては寅の出自や生い立ちをめぐる物語の線が構想されていたのかもしれないが、作を重ねることで、「くるまや」の人々が寅の家族、と物語上の設定が固まったように思われる。もしもこの実母がその後も度々登場していたら、「男はつらいよ」シリーズは全然違う映画になっていたかもしれない。

ただの一度でいい、この口に出して、お母さーん！　て俺は呼んでみたかったんだ

実母と感動の再会にはならなかったことを裏の工場の従業員たちに語る寅。

寅「上と下の瞼《まぶた》、ぴったりあわせりゃよ、瞼の裏にありありと浮かんできたのは、まだ見もしねえ、おっ母さんの面影よ。俺は三十八年このかた、そのことだけを考えて、ずうっと生きてきたんだよ。ただの一度でいい、この口に出して、お母さーん！　て俺は呼んでみたかったんだ」

②続　男はつらいよ

寅の年齢がはっきり口にされる機会はとても少ない。特に作が進むにつれてあえて曖昧にとどめていた印象。この第2作での「三十八年」から年齢を割り出すことも可能かもしれないが、そんなことをするより観る側も曖昧さに任せる方がいいかもしれない。

好きな酒もたって一世一代の大バクチをうってよ、
儲けた銭のどこが悪いんだ！

競馬で勝った寅が竜造夫妻をハワイ旅行に招待したが、代金を旅行会社に持ち逃げされてしまう。

寅　「赤っ恥？……よくも言いやがったな、赤っ恥とは何でえ。俺はよ、おいちゃんやおばちゃん達にいい目見さしてやろうと思って、馬にまで頼み込んだんだぞ！」

博　「兄さん、それが違うんだ。誰も兄さんにいい目に逢わしてもらうことなんか期待してやしない。もし兄さんにそんな気持ちがあったら早く堅気になって嫁さんをもらって、他人に迷惑をかけない暮らしをしてほしい、それが一番の恩返しなんだ」

寅　「なにい！　手前、俺のことをガキ扱いにするのか」

竜造　「ガキより世話がやけるんだ！」

寅　「言ったな、クソじじい！」

博　「兄さん！」

寅　「手前のためによ、神さまに願かけて、三日三晩、好きな酒もたって一世一代の大バクチをうってよ、儲けた銭のどこが悪いんだ！」

竜造　「バクチの金なんか欲しかねえんだ！」

④新　男はつらいよ

そうかい……、もう俺の部屋もなくなっちまったのかい

竜造　「実はな、寅さん、あの部屋、いま人に貸してあるんだよ」

寅　「ええ？　貸しちゃった？」

寅、力なく階段に腰を下ろしてしまう。

寅　「そうかい……、もう俺の部屋もなくなっちまったのかい」

竜造　「いやね、御前様の口ききなんだよ。断るわけにゃいかねえしさ、わかってくれよ」

寅　「……甘い男だなあ、俺も。遠い旅の空でよう、つらい時、悲しい時、故郷《こきょう》のことを思ってよ。俺にゃどんな時でも帰るところがある、やさしく迎えてくれる人が待っている、それを心の張りにしていたのによ。そうか、俺には帰るところもねえんだね（鼻をすする）」
竜造　「寅さん、大げさだよ。下だっていくらでも寝るところがあるじゃないかよう、寅さん」
つね　「寅さん……」
寅　「とめねえでくれ。俺は出てゆく、雨の中。さくらたちによろしくな。寅次郎兄ちゃんは帰るところもなくよ、雨にうたれて淋しく出て行ったって、伝えてくんな、アバヨ」

④新　男はつらいよ

旅暮らしで留守がちな寅の部屋が貸しに出され、そこにタイミング悪く寅が帰ってきてすねる（あるいはけんかになる）というのは、この後もたびたび繰り返されるお決まりの展開。そしてたいていは右のような場面のあと、部屋の住人たるマドンナに出くわしひと目で恋をすることになる。第４作で寅の部屋に下宿していたのは栗原小巻演じる春子。

俺はもう二度と帰らねえよ、いつでも帰れる所があると思うからいけねえんだ

旅先で知り合った絹代を故郷に連れて帰り、その父・千造から礼を言われた寅。

寅「まったくだ……、おじさんの言う通りだよ。帰るとこがあると思うからいけねんだよ。失敗すりゃまた故郷《くに》に帰りゃいいと思ってるからよ、俺はいつまでたったって一人前になれねえもんなあ、おじさん」

千造「故郷はどこかな」

寅「故郷かい？　故郷は東京は葛飾の柴又よ」

千造「ほう、親御さんはおるのかな」

寅「うん、もう死んだ。でもなあ親代わりにおいちゃんとおばちゃんがいるんだ、それに妹が一人いるよ。おじさんの娘と同じくらいな年頃だ」

千造「幸せかな、妹さんは」

寅「ああ……、子供がいるよ。その亭主ってのがね、俺みてえな遊び人とまるで違うんだ。真面目の上にクソって字がつくぐれえのやつなんだよ、印刷工場の職工やってるよ。

その印刷工場の裏手でもってね、俺のおいちゃんてのがケチな団子屋やってるんだ。さくらがよ、あ、こりゃ俺の妹だけどね、近所のアパートに住んでるんだ、うん。買物の帰りなんか子供を連れてね、団子屋へちょくちょく顔出してよ、くだらねえことしゃべってるうちに、日が暮れらあな。どうだい晩飯食べておいきよ、いいよわりいから、何いってるんだい、これからじゃ面倒だろ……ね、さ、裏に亭主がいるんだから博呼んでおいで。皆がまるく賑やかに晩飯よ……。その時になると決まって出る噂がこの俺だ。……俺はもう二度と帰らねえよ、いつでも帰れる所があると思うからいけねえんだ、うん」

⑥男はつらいよ　純情篇

話しているうちにどんどん故郷が恋しくなっている寅。このあと結局柴又に帰る。遠く離れた故郷の光景をありありと浮かび上がらせる寅（渥美清）の語りは、この場面に限らず「男はつらいよ」の見どころのひとつである。

本当につらいのは、お兄ちゃんより、おいちゃん達の方かもしれないのよ

竜造　「出てけって言うんだい！」
寅　「おいちゃん、それ言ったらお終いだぞ」
竜造　「ああ、お終いだよ！」
寅　「（さくらに助けを求めるように）聞いたか？　兄《あん》ちゃん、こんなこと言われてるんだぞ」
さくら　「……」
寅　「俺が一体なに悪いことをしたっていうんだよ。これだけ人間のいる中で俺が一番つらい思いをしてるんだい、悔しい思いしてるんだい……。そう思わねえか？」

さくら「そう思うわよ。だけどね、本当につらいのは、お兄ちゃんより、おいちゃん達の方かもしれないのよ……（こらえきれずに涙を流す）」

⑩男はつらいよ　寅次郎夢枕

ろくでなしのあんたを、こんなに大事にしてくれる家がどこにあるかってんだ

メロンを皆に食べられてしまって腹をたてる寅を、リリーが一喝する。

リリー「じゃ言うけどね、冗談じゃないってんだよ。俺のことを勘定に入れなかったの、心が冷てえだの、そんな文句を言える筋合かい。ろくでなしのあんたを、こんなに大事にしてくれる家がどこにあるかってんだ。私うらやましくて涙が出ちゃうよ。本来ならね、いつも御心配おかけしております、どうぞメロンをお召し上がり下さい、私はいりませんから私の分もどうぞてんだ」

――と。こういうのが本当だろう。甘ったれるのもいい加減にしやがれっ

⑮男はつらいよ　寅次郎相合い傘

旅先で世話をしたサラリーマンが持って来たお礼の品のメロン。仏壇に供えておいたのをそろそろ食べ頃と切り分けたはいいが、寅の分を忘れていた。そこへ帰ってきた寅が、家族に向かって散々文句を吐く。寅が浴びせる皮肉の憎たらしさったらないのだが、さくらたちは非があるだけに言い返せない。見かねたリリーが寅を一喝したのが右のセリフ。

寅さんは、特に晩年になるに従って「穏やかな善人」みたいにばかり語られがちだった。もちろん彼には愛すべき善良さがあるが、それは彼の救いようのない駄目さと常に表裏一体のものとして捉えるべきだと思う。でないと寅さんは地蔵とか仏みたいな存在になってしまう。それは違う。寅さんは徳と非を極端に併せ持った、誰よりも人間くさい人間なのだ。

この「メロン騒動」はシリーズ屈指の名場面である。こんなにも悲哀と笑いの両方が充溢した場面は他のどんな映画にもない。寅さんそのものみたいな場面である。

僕が満男にどれほど夢をたくしているか……、そんなこと、子供を持ったことのない兄さんにわかってたまるか！

家庭訪問に来た満男の担任教師との話に割って入った寅が、その晩、叱られる。

竜造　「言いたかないけどな、お前、満男のことなんかどうだっていいんだ。あの先生の前でいい恰好したかっただけじゃないか」
寅　「何！」
博　「何が教育だよ、バカバカしい」
寅　「てめえ、ムコのくせに生意気なこと言いやがって。この野郎！」
さくら　「何するのお兄ちゃん！」
竜造　「寅、それでもお前、満男の伯父さんか！」
博　「みんなの言ってることが図星なんで、それで腹を立ててるんだ。そうでしょう」

寅　「なんだ、てめえ」

さくら「博さん、お兄ちゃんだってもうわかってるんだから。ね、お兄ちゃん、わかったでしょ」

博　「僕にも言わしてくれよ、たまには。……そりゃ、僕は職工です。大学にも行けませんでした。そんな僕が満男にどれほど夢をたくしているか……、そんなこと、子供を持ったことのない兄さんにわかってたまるか！」

⑱男はつらいよ　寅次郎純情詩集

とらやでは婿、寅から見れば義理の弟である博は、喧嘩のときでも寅をたてて仲裁役にまわることが多い。しかしここでは珍しく博が寅に対して強く出る。ふだんの抑制的な博の姿を知っているると、よりぐっとくる場面である。

何かいいことないかね、おばちゃん。寅さんまだ振られねえかな

茶の間に入ってきた博にさくらが「今日のお兄ちゃんの稼ぎ」と言ってお金を渡す。

寅　「借りた銭に比べれば、ほんのわずかだけどよ。俺たちの商売もどうも不景気でなあ」

博　「じゃ、受け取ります」

　　そこへ社長、大声をあげながら入って来る。

社長　「あー、ダメダメ、本当にダメ。何かいいことないかね、おばちゃん。寅さんまだ振られねえかな」

　　ムッとして起き上がる寅。社長、慌てる。

社長　「ハッ、いたのか、ごめん。違うんだ、違うんだ」

寅　「タコ！」

竜造　「今のはお前が悪い」

博　「兄さん、勘弁してやって下さい。なにしろあんまり不況がひどいんで口がすべったんでしょう」

社長　「そ、そうなんだ、ごめん、ごめん。この通り、この通り、ごめん」

博　「社長も社長ですよ、兄さん、まだ振られてやしないじゃないですか」

社長のうっかりした発言がけんかの引き金になるのもお決まりのパターン。気のおけないながらも「家族」ではない社長は、寅が唯一遠慮なく怒りを向けられる相手なのである。

考えてみりゃ、あいつも可哀想なやつだったなあ

昼に出たっきり帰らないタコ社長をみんなで心配している。

つね　「でもねえ、社長さんに限ってねえ」

寅　「その限ってが、いけないんだよ。そういうやつに限ってポックリ死ぬんだよ。いつもあいつはここに座って言ってたじゃないか。死にたいよう、死にたいようって。あれがあいつの口癖だったんだ」

博　「(電話を切って) おかしいなあ、飲み屋にはいないな」

寅　「警察へ電話しろ、警察へ。――おばちゃん、うちには酒はあるか」

つね　「あっ、えーと」

寅　「すぐ酒屋に行って叩き起こして、十本くらいここへ届けさせろ。さくら、茶碗、箸、皿、そういったもんの仕度はいいか」

さくら　「そんなもん大丈夫だけど……、でも」

寅　「よし、あとは寿司屋はずっと遅くまで起きてると。残るは葬儀屋だけだな。——あいつは体がでかかったから棺桶も特大にしなきゃいけねえ。おいちゃん、これは万が一だけどな、もし今晩お通夜ってことになったら、このうちを貸してやろう、なあ。奥の仏間にあいつの棺桶を据えて、右方に親族、左方に遺族、そしてここに労働者……。ずうっとここ酒の席にして、あすこを受付だよ」

寅、上り框に腰を下ろし、しみじみとした表情になる。

寅　「考えてみりゃ、あいつも可哀想なやつだったなあ。俺たちには測りしれねえつらい思いをしてたのかもしれねえよ。もう一日俺が早く帰ってたらなあ。あいつと酒酌みかわして苦労話を聞いてやれたのに」

しみじみ頷いているところへ、社長の歌声が聞こえてくる。

社長「なあんだ、寅さん、帰ってたのか。今日は私もてちゃってね」
竜造「何だ、どこへ行ってたんだよ」
社長「池袋よ。仲間とね、たまにはね、うさ晴らししようってんでパーッとくり出したのよ。ところがさ、その店が、アハハハハ……」

㉒男はつらいよ　噂の寅次郎

ここでも寅の語りによって、まるで社長の葬式が始まったかのような雰囲気になる。このあと酔った社長と心配し損だった寅とでやはりけんかに。

どこの世界に祝儀に釣りを出すやつがいるんだ

寅からの新築祝いが二万円だったので一万五千円を返そうとして叱られる博。

博「兄さん、謝ります、すいませんでした」
寅「どこの世界に祝儀に釣りを出すやつがいるんだ。そりゃ、二万円て金は大金だよ。俺だって、一万円にしようか二万円にしようか、ずいぶん悩んだんだ。しかしな、俺はお前達の喜ぶ顔が見たかったんだよ、え？　どうして素直に受け取れねえんだよ。素直に喜んで、お兄さんありがとうございました、これでずうっと前からさくらが欲しがっていた桐のタンスを買ってやれます、なぜそう言えねえんだい。手前ら俺がテキ屋風情だと思ってバカにしてるんだろ」

㉖男はつらいよ　寅次郎かもめ歌

珍しく寅の言い分ももっともだと思えるが、寅を気遣う博たちにももちろん悪気はない。おかしいけれど、やっぱり切ないお金をめぐる一場面。笑いのなかには哀しみがあり、哀しみのなかには笑いがある。「男はつらいよ」で心に残る場面には、いつもふたつの背反する感情がある。

とらやがなくなって、新しいビルが建ってたらどうするの？

旅に出る寅を駅まで見送りにきたさくらと満男。

さくら「お兄ちゃんがあんまり頼りないから、お店なんかやめてしまうって、おばちゃんが泣いてたわよ」

寅「（慌てて）本当に店やめちゃうのか？」

さくら「お店やめたら、お兄ちゃんが帰ってくる家なくなっちゃうじゃない。それとも、ある日帰ってきたら、とらやがなくなって、新しいビルが建ってたらどうするの？」

寅「頼むよお前、それだけはやめてくれよ」

さくら「だったら、どうして真面目になって働いてくれないの」

寅「すまねえ」

　寅、満男からカバンを受け取り、電車に乗り込む。

寅「満男、来い。お前な、一生懸命勉強して、立派な人間になって、お母さん安心させろよ、うん？」

満男「伯父さんも少し反省しろよ」

寅「なに？　何だ、お前偉そうに……」

本当は欲がなくて気持ちの優しい男なんだけどねえ、どうして顔合わすと憎たらしくなっちゃうのかねえ

テレビのニュースを見ながら。

さくら「ああ、いいとこねえ」
つね「北海道のどこだろう?」
さくら「阿寒だって」
竜造「北海道あたりにいるのかな、寅のやつ」
つね「本当は欲がなくて気持ちの優しい男なんだけどねえ、どうして顔合わすと憎たらしくなっちゃうのかねえ」

㊳男はつらいよ　知床慕情

別れる時はどうしてこう心が通いあうんだろうね。会う時は喧嘩ばかりして

満男　「え、伯父さんもう旅に出ちゃうの」
寅　「今度は足の怪我でみっともねえとこを見せちゃってさ、ハハッ。ま、宵闇にまぎれてこっそり引き上げようっていう寸法さ」
さくら　「そんなこと気にしてないのに」
寅　「じゃ、おいちゃん、おばちゃん、達者でな」
つね　「あんたの怪我治しに草津の温泉にでも行こうと思ってたのにね」
寅　「そりゃこっちのセリフだよ。俺は必ず金を貯めて、おいちゃんとおばちゃんを温泉に連れていくからな」
竜造　「それを聞いただけで体が温まってきたよ」
寅　「ありがとう」
つね　「別れる時はどうしてこう心が通いあうんだろうね。会う時は喧嘩ばかり

して」

㊺男はつらいよ　寅次郎の青春

実の妹でもなけりゃあ言っちゃあくれねえさ、これだけのことは……

「渡世上の義理」を果たすため、さくらのアパートへ金を借りにきた寅。

さくら「お兄ちゃんはね、私のたった一人の肉親なのよ。だから私はそのお兄ちゃんに立派な、頼り甲斐のある人になってもらいたいから私言うの、ね。お金のことだけじゃないわよ。今日だって工場に行って工員さん達が真面目に働いているのに冷やかしたりしたんでしょ。どうしてそういうことを言うのよ。額に汗して、油まみれになって働く人と、いいカッコしてブラブラしている人とどっちが偉いと思うの。お兄ちゃん、そんなことがわからないほど頭が悪いの？　地道に働くってことは尊いことなのよ。お兄ちゃんは自分の年のことを考えたことある？　今から……あと五年か十年たって、きっと後悔するわよ。その時になってからではね、取り返しがつかないのよ。……ああ、バカだったなあと思っても、もう遅いのよ」

博　「な、もうその辺で……」

寅　「博、とめねえでくれよ。……実の妹でもなけりゃあ言っちゃあくれねえさ、これだけのことは……。ありがとう、よく言ってくれた」

⑤男はつらいよ　望郷篇

初期の頃のさくらは、まだ寅が堅気になることを信じていた。が、このあともずっと変わらないことを知っている私たち観客が観返すと、なかなか切ない。ちなみにこの説教のあと、結局さくらは寅に金を貸してやる。

一度はお兄ちゃんと交代して、私のことを心配させてやりたいわ

寅　「さくら」

さくら　「なに？」

寅　　「兄ちゃんのこんな暮らしが羨ましいか、うん？」
さくら「……」
寅　　「そんな風に思ったことがあるかい」
さくら「あるわ」
寅　　「……？」
さくら「一度はお兄ちゃんと交代して、私のことを心配させてやりたいわ。寒い冬の夜、こたつに入りながら、ああ今頃さくらはどうしてるかなア……って、そう心配させてやりたいわよ」
寅　　「そうかい……さくら、すまねえ」

⑧男はつらいよ　寅次郎恋歌

ほら、見な。あんな雲になりてえんだよ

前の晩、歌子から結婚することを決めたと告げられた傷心の寅。

さくら「いつかの晩、言ってたもんねお兄ちゃん、いいお婿さん探してやりたいって……。その通りになりそうね」
寅　「うん、そうだよなあ」
さくら「やっぱり寂しいの？」
寅　「なんで？　どうして俺が寂しいのよ」
さくら「じゃ、どうして旅に出ていっちゃうの？」
寅　「ほら、見な。あんな雲になりてえんだよ」
と言って寝返りをうつ。
寅　「ハァ……、またふられたか」
さくらギョッとする。
寅　「え!?　俺いまなんか言ったか」
さくら「ううん、何も」

⑨男はつらいよ　柴又慕情

さくらの前でぽろりとこぼれた寅の呟き。おそらく家族の前では声にならなかっただろう寅の言葉。複雑な「家族」のなかの兄妹の関係を示す場面。

でも、本当にそんな男っているのかなって、とっても信じられないような顔で……

殿様から鞠子の再婚相手になってほしいと言われた寅だが、鞠子は同僚との結婚を決めていた。

さくら「あ、そうそう社長さん、お兄ちゃんがよろしく言ってた」
社長「ありがとうよ。寅さん、別れ際に何か言ってたかい」
竜造「博と仲良くやれだろ――決まってんだ、あいつのセリフは」
さくら「うん。それとね、鞠子さんのこと、心配してた」
博「何て？」
さくら「駅のホームで柱にもたれながらね、あの人と結婚する男は、死んだ亭主のことでヤキモチなんか焼かねえだろうな、なんて」
博「大丈夫だよ、そんな人じゃないからこそ、鞠子さんは結婚する気になったんじゃないか」

つね　「そうだよ」

さくら　「うん、私もそう言ったのよ。そしたらね、ちょうどそこへ電車が入って来たんだけどね、お兄ちゃん、その電車に乗りながら、でも、本当にそんな男っているのかなって、とっても信じられないような顔で……」

⑲男はつらいよ　寅次郎と殿様

それはね、お兄ちゃんの部屋

さくらの一戸建て新居を訪ねた寅。

寅　「これ、満男の部屋か」

さくら　「そうよ」

寅　「へえー、小学生のくせに自分の部屋なんか持ちやがって生意気な。――この空き部屋なんだい？　下宿人でも入れんのか」

さくら　「それはね、お兄ちゃんの部屋」
寅　「……」
さくら　「泊まる部屋があると安心でしょう」

㉖男はつらいよ　寅次郎かもめ歌

お兄ちゃん、よっぽど好きだったのねえ、あの人が

結婚することを報告しに柴又へ来たふみが帰ってから。

さくら　「すごい雨ね。ふみさんよかったね、タクシーつかまえられて」
寅　「わざわざ来ることはなかったんだよ、こんなとこまで」
さくら　「どうして？」
寅　「葉書一本出しゃあ、済むことじゃないか」
さくら　「そんなこと言っちゃ可哀想よ。わざわざそれを言いに来たふみさんの気持ちになってごらんなさい」

寅　「こっちの気持ちにもなってくれっていうんだよ。こんなみじめな気分にさせられてよ……」

さくら　「……お兄ちゃん、よっぽど好きだったのねえ、あの人が」

㉗男はつらいよ　浪花の恋の寅次郎

ここも第9作（53ページ）と同じく、さくらと寅ふたりきりの場面で、寅がさくらに正直な心情を漏らしている。

やっぱり、二枚目はいいなあ。ちょっぴり焼けるぜ

二枚目だが口下手な三郎のプロポーズを螢子が受け入れたと聞いた寅。

さくら　「お兄ちゃん、どこ行くの。ねえ、旅へ出るのやめて、待っててあげなくっちゃ、二人が来るのを——」

寅　「三郎青年が、めでたく結ばれたとありゃ、いっそのこと、俺は用なしじゃねえか」

さくら「そんなこと」
寅　「お前な、俺にかわって三郎青年に、おめでとう、と言ってやってくれ、
なっ。おいちゃん、おばちゃん、達者で暮らせよ」
竜造「待ってってやれねえのか」
寅　「こっちにも商売があるからな」
寅、店を出たところでふと立ち止まる。
寅　「さくら」
さくら「なあに？」
寅　「やっぱり、二枚目はいいなあ。ちょっぴり焼けるぜ」
㉚男はつらいよ　花も嵐も寅次郎

何か役に立ちてえと思うけども、お前達も因果だなあ。こんなヤクザな兄貴持って

旅に出る前にさくらの家に深夜立ち寄った寅。

寅　「博」
博　「何ですか？」
寅　「この家の月賦の払いは、もう済んだのか」
博　「えっ……」
さくら　「まだ、だいぶ残ってる」
寅　「そうか。何か役に立ちてえと思うけども、お前達も因果だなあ。こんなヤクザな兄貴持って。――あばよ」
さくら　「お兄ちゃん、お金持ってるの」
寅　「そこまでお前にやっかいかけねえよ。いいよ、送ってこなくて」

㉛男はつらいよ　旅と女と寅次郎

それは、大人の男と女の秘密ですよ

朋子　「さくらさん、どうもありがとうございました」

　　二人に頭を下げ、電車に乗り込む朋子。

さくら「はい、これ。（お土産を渡す）じゃ、気をつけて」

寅　「和尚さんによろしくな。旅の途中でまた寄るからよ！」

　　ぐんぐんスピードを上げて遠ざかる電車。

寅　「へへへっ、というお粗末さ――。さて、商売の旅に出るか」

さくら「ねえ、お兄ちゃん、お兄ちゃんと朋子さんの間にいったい何があったの。教えて」

寅　「そんなことお前に教えられるかい。それは、大人の男と女の秘密ですよ」

㉜男はつらいよ　口笛を吹く寅次郎

涙が出て仕方なかったの、お兄ちゃんのこと思い出して

さくら　「ほら、イソップにそんな話あったじゃない」
博　「どんな？」
さくら　「暑い夏に汗水たらして働くのがアリで、それをバカにして歌ばっかり歌っていたキリギリスが、寒い冬になると凍えて死んでしまった話」
りん子　「あら、じゃ、寅さんがキリギリス？」
さくら　「そう。小学校の時、学校の先生にその話聞いてね、ふふっ、涙が出て仕方なかったの、お兄ちゃんのこと思い出して」
博　「キリギリスかあ」
つね　「そういえばあの男、キュウリとナスビが大好きだもんねえ」

㊳男はつらいよ　知床慕情

……バカねえ、お兄ちゃん。何やってんだろう、いい歳して

旅から帰ってきた満男から、また寅が振られたことを聞いたさくら。

博　「やれやれ、一件落着か」

博、ふと、さくらの様子に目を止める。

博　「どうしたんだ？」

さくら「……バカねえ、お兄ちゃん。何やってんだろう、いい歳して」

㊹男はつらいよ　寅次郎の告白

シリーズを通じて、こんなふうに兄のことを優しく嘆くさくらのセリフは何べんも繰り返されている。しかしシリーズ終盤では、画面のなかの寅とさくらが文字通り「いい歳」になったことが明らかで、観ている私たちは「果たしていつまでこの兄妹の姿を、馬鹿なままの寅さんを見ていられるのか」ということも考えてしまう。そして「できればこのままいつまでも馬鹿な寅さんでいてほしい」という願いを持ちながらさくらの嘆きを聞けば、さくらの昔と変わらぬ言葉も別種の哀切を帯びてくるのだ。

そしてこの作品の五年後、愛すべき兄妹は私たちの前から姿を消す。一九九六年、二十七年間寅さんを演じた渥美清がなくなった。享年六十八歳だった。

第2章

世ちがらい浮世のこと

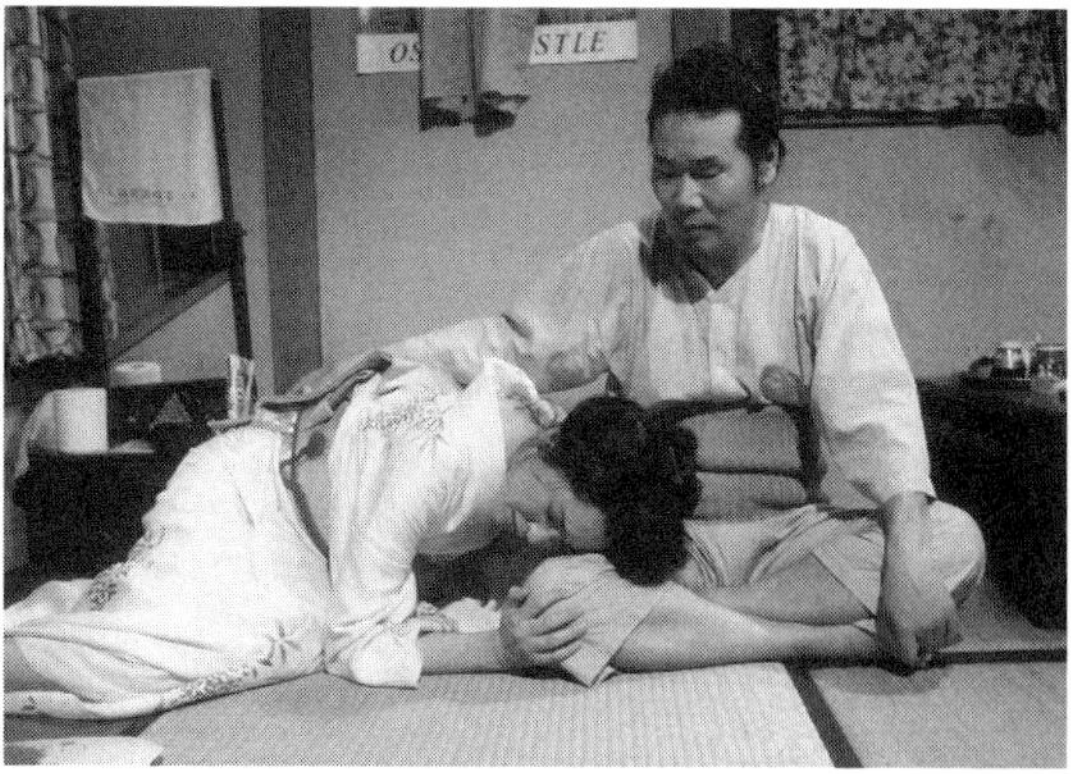

㉗「男はつらいよ　浪花の恋の寅次郎」

「男はつらいよ」に登場する人物の多くは、決して裕福ではない人たちである。「額に汗して地道に」働き、楽ではない商売や暮らしを嘆いたり励ましあったりしながら生きている。

一方、一応くるまやの跡取りということになっている寅は、十代の頃からテキ屋しかやったことがない。もちろんテキ屋稼業も立派な商売、職に貴賤はないけれど、浮世離れした寅の発言は、しばしば周囲とすれ違い、人々の怒りを買うことになる。「お金」や「学歴」といった視点で見れば、最近言われる「格差」問題が昔から脈々と続いていることや、その有り様の微妙な変化にも気づく。初期の作品では、人々はそういった「差」を嘆きつつどこか諦めとともに受け入れていた。しかし作を重ねるごとに、その不公平に疑問や反意が示される場面が明らかに増えてくる。

作中のセリフが、時代時代の世相を色濃く映す。その一方で「男はつらいよ」が発するメッセージはずっと変わらないように思う。それは、どんな境遇にあってもひとの人生は肯定されるべき、ということだ。二〇一九年公開の新作「男はつらいよ　お帰り　寅さん」のなかでも難民問題が取り上げられている。

上を見てもきりがねえし、下を見て暮らさなきゃいけねえって話だよ

社長「ま、なんだよ、上を見てもきりがねえし、下を見て暮らさなきゃいけねえって話だよ。な、おばちゃん」
竜造「お前の工場《こうば》より下があんのかい」
社長「……ひでえよ、そりゃ。言っていいことと悪いこととあるだろ。俺の工場だってな、俺が真面目に働いた金で建てた工場だよ、あんまりだよ」

⑨男はつらいよ　柴又慕情

「本なんか読んでるやつはロクな人間にならねえ」、そういう時代だったなあ

二階で大学助手の礼子から寅が勉強を教わっている。

つね　「また笑ってる。真面目に勉強してんのかね」
博　「礼子さんも苦労してんでしょう。なにしろ兄さん相手の勉強じゃ」
社長　「しかし、なんだかうらやましいなあ、寅さんが。俺も若い頃勉強したかったんだ」
さくら　「本当？」
社長　「本当だよ。ところがね、本読んでると親父のやつが物凄く怒りやがってねえ。『本なんか読んでるやつはロクな人間にならねえ』、そういう時代だったなあ、竜造さん」
竜造　「そう、俺もよく言われたよ。団子屋に学問なんかいるかーって」

⑯男はつらいよ　葛飾立志篇

この礼子をはじめ、「男はつらいよ」には、たびたび「インテリ」が登場する（第2作「続男はつらいよ」の藤村医師や、第10作「寅次郎夢枕」の岡倉助教授など）。彼らに向ける「とらや」の人々の眼差しや右のようなやりとりからは、時代によって異なる「学問」観の移り変わりも見てとれる。シリーズ後半に目を向ければ、大学進学が特別なものではなくなった時代に、満男が受験や就職試験で苦労しており、右のような発言とはまさに隔世の感がある。

学問がないってことは悔しいよ。
何かしてやろうと思ったって、どうしようもねえもんな

礼子に蜂蜜と果物を持っていくと、「結婚を申し込まれたの」と唐突に告げられた寅。

さくら「お兄ちゃん、礼子さんの口から聞いたの、結婚のこと」
寅「当たり前だよ。あの人はずっとそのことで悩んでたんだよ」
さくら「悩んでたって、どんな風に？」
寅「そのことなんだけどよ、あの人はいろいろ俺に説明してくれたんだけど、なんだか俺にはさっぱりわかんねえんだ。こっちに学問があったらな、うまい答えをしてやれたんだけど、学問がないってことは悔しいよ。何かしてやろうと思ったって、どうしようもねえもんな」
さくら「そんなことないわ、学問なんかできなくたって、いくらだってしてあげ

寅　られることはあるわ」
「ないよ。俺のできることは、蜂蜜と果物でも買っていくことが関の山だ」
⑯男はつらいよ　葛飾立志篇

人間は、なぜ死ぬんでしょうねえ

病に侵されて余命いくばくもない綾が寅に問う。

綾　「寅さん」
寅　「はい」
綾　「人間は、なぜ死ぬんでしょうねえ」
寅　「人間？　うーんそうねえ、まあ、なんて言うかな、まあ、結局あれじゃないですかね。あの、こう人間が、いつまでも生きていると、あの、こう丘の上がね、人間ばっかりになっちゃうんで、うじゃうじゃ面積が決まっているから。で、みんなでもって、こうやって満員になって押しくらまんじゅうしているうちに、ほら、足の置く場所が無くなっちゃって。で、隅っこに居るやつが、お前どけよと言われてっと、あ、あーなんて海の中へパチャンと落っこって、そいつアップアップして『助けてくれー、助けてくれー』なんてね、死んじゃうんです。ま、結局、そういうことになってるんじゃないですか、昔から、うん。まあ深く考えない方がいいですよ、それ以上は」

⑱男はつらいよ　寅次郎純情詩集

実は、車さんは中学三年生中退なんです

すみれの通う定時制高校を訪れたさくら。

林先生「この間、寅さん……、ああ、いや失礼。車さんが、これを提出なさったんです」

さくら「入学願書……」

林先生「私どもの学校が気に入ったから正式に入学したいと、そういうご希望なんですが、実は、車さんは中学三年生中退なんです。ということは高校受験の資格がないわけで、大変お気の毒ですが、認定試験を受けるか、あるいは夜間中学というのがありますから、そちらに入っていただくか、それしか方法がないんですけどね。車さんにそうお伝え願えますか」
さくら「あっ、はい。ちょっと旅に出ておりますけど、帰ったらそう伝えます」

㉖男はつらいよ　寅次郎かもめ歌

すみれが入学した定時制高校に遊びにいくうち、自分も入学する気になった寅。しかし右の場面のとき、寅はもうすでに旅に出ていた。
寅がどこまで本気だったかは知れないが、「こっちに学問があったらな、うまい答えをしてやれたんだけど、学問がないってことは悔しいよ」（69ページ）という第16作のセリフが思い出されもして、さくらと一緒に切ない気持ちになる。

そりゃ今は悲しいだろうけどさ、ね。

月日がたちゃあ、どんどん忘れていくもんなんだよ

幼い頃に生き別れた弟の英男に会いに行ったふみだが、弟は病死していた。

ふみ「けどねえ、うち安心したの。ヒデは身寄り頼りもなくて一人で寂しう暮らしてたんやないかと思てたんやけどね、ぎょうさん仲間の人がおってくれて、みんなで心配してくれて。それに、恋人までおったんやもんね」

寅「そうだよ、あんな可愛い娘に惚れられてよ、弟は本当に幸せもんだったんだよ。な、そう思いな」

ふみ「でも、あの娘可哀想やね。恋人に死なれて。これからどないするんやろ」

寅「いや、おふみちゃん、それは心配いらないよ」

ふみ「なんで？」

寅「そりゃ今は悲しいだろうけどさ、ね。月日がたちゃあ、どんどん忘れていくもんなんだよ。忘れるってことは本当にいいことだなあ。一年か二年たちゃ、あの娘にもきっと新しい恋人ができて幸せになれるよ」

ふみ　「せやろか、忘れられるやろか」

寅　「忘れられるよ。体験した俺が言ってんだから間違いありゃしないよ」

㉗男はつらいよ　浪花の恋の寅次郎

この少し前の場面で、寅は弟に会いに行くのをためらうふみに、弟は生き別れた姉ちゃんのことを忘れていやしない、よく憶えているはずだ、と力づけている。「俺だって、ガキの時分に家出て、長い間フーテン暮らししてたよ。だけど片時だって肉親のことは忘れなかったよ」と。

忘却についてのこの二つの寅のセリフは、それだけ比較すればまったく逆のことを言って矛盾しているようだけれど、どちらも人間の真実だし、きっとどちらもふみの心の支えになった。

俺がアイロンかけたワイシャツじゃなきゃ嫌だ――
そういう人がね、何人もいるんだよ

同級生でクリーニング屋の安夫と飲んで送られてきた寅だが、安夫に毒づく。

安夫　「しかしな、寅ちゃん、今の言い方はちょっとひどいんじゃないか」

寅　「何だ、お前、文句あんのか、お前」
さくら　「ごめんなさいね」
博　「酔ってますから」
安夫　「いやいいんです。ちょっと言わせて下さい。そりゃな、俺の店はよ、間口二間のケチな店だよ。大型のチェーン店が出るたんびに売上げが落ちて、何べんも店をたたもうと思ったんだよ。でもな、そのたんびに女房や娘が、父ちゃん頑張ろう、親父から受け継いだこの店を何とか守っていこう――そんな風に言ってくれてな。歯をくいしばって、沈みかけた船を操るように今日までやってきたんだよ」
寅　「お前、いい。酒飲め、今夜はよ」
安夫　「終りまで黙って聞け！　お前今何つった、俺の店がつぶれても世間様は痛くもかゆくもねえんだと。いいか、俺にだってな、お得意はいるんだよ、お得意は。俺が洗ったシーツじゃなくちゃ困る、俺がアイロンかけたワイシャツじゃなきゃ嫌だ――そういう人がね、何人もいるんだよ。商売っていうのはそういうもんなんだ。団子屋さんだって同じでしょう」

竜造　「そうですとも、そうですとも！」

安夫　「その辺の気持ちがお前みたいなヤクザな男にわかってたまるか！」

㉘男はつらいよ　寅次郎紙風船

この界隈で店や工場をやっているやつは一日に一度やめようかと考えるんだ

入院した竜造にかわって寅が店を手伝うが、漫画を読んだり居眠りをしたり、怠けてしまう。

つね　「やめよう！　さくらちゃん、店やめよう。つくづく嫌になっちゃったよ。私ね、この店みんな売っ払っちゃってね、おいちゃんと二人で小さいアパートで住むよ。そうしよう」

さくら　「おばちゃん、それは言わないっていう約束でしょう」

つね　「だってバカバカしくなっちゃったんだよ。私たちが一生懸命働いたって、肝心の跡取りがあのざまじゃない」

さくら「やめるのは簡単よ。ねえ、社長さん」

社長「そうだよ。この界隈で店や工場《こうば》をやっているやつは一日に一度やめようかと考えるんだ。しかしな、それで本当にやめてしまったら日本の中小企業はどうなる！」

㊳男はつらいよ　知床慕情

おい、お前がいないと会社つぶれちゃうのか？

寅「よっぽどあれかい、何かつらいことでもあったのか、ええ？　会社の上役にいびられるとか、家庭のゴタゴタだとか」

兵馬「僕、病気なんです」

寅「（慌てて身を引いて）うっ、う、うつるの？」

兵馬「いえ、時々死にたくなりまして」

寅　「ほほう。まあ、そりゃ気の毒だなあ。あ、ここの温泉はな、頭によーく効くんだってよ。どうだい、しばらく、ゆっくりここで湯治してみたら。なっ」

兵馬　「お気持ちはありがたいんですが、無断で会社を休んできておりますので明日は出勤いたしませんと。今からですと新幹線で上野行きに間に合いますので、これで失礼しようかと」

寅　「おい、お前がいないと会社つぶれちゃうのか?」

兵馬　「そんなことありませんけど」

寅　「だったらいいじゃねえか」

㊶男はつらいよ　寅次郎心の旅路

べらべらしゃべるのがいいんだったらば、寅ちゃんなんかどこの会社だって受かっちゃってるよ

竜造　「さくら、どうした、満男？」
さくら　「今日も面接に行った」
竜造　「いくつ会社受けたんだ、一体」
さくら　「三十いくつ」
つね　「そんなに受けて、まだ入らないのかい」
竜造　「見る目がねえんだよ、会社の人なんて」
つね　「ねえ。あんなにいい子なのに、どうして採用してくれないんだろう」
さくら　「口下手だから、あの子」
つね　「そこがいいとこなんじゃないか。べらべらしゃべるのがいいんだったらば、寅ちゃんなんかどこの会社だって受かっちゃってるよ」

㊻男はつらいよ　寅次郎の縁談

第46作の公開は一九九三年。就職氷河期の始まり頃。おばちゃんのセリフは現実の厳しさからすっかりズレているが、満男を思うやさしさが溢れている。

もう嘘をつくのは嫌だよ。テープレコーダーじゃねえんだぞ、俺は

満男　「母さんはわかんないんだよ、俺の苦しみが」

さくら　「少しはわかっているつもりだけど」

満男　「わかるもんかよ。百枚も葉書出して、四十何通も身上調書書いて、ボールペンできれいな字で、住所、姓名、家族関係、自己PR、志望動機。『城東大学経済学部経営学科、諏訪満男です、よろしくお願いします』聞くことは決まってるんだよ。『自己PRをしてごらん』『はい、ぼくは痩せているから頼りないように思われがちですが、実はねばり強い性格です。友人関係も広く浅くではなく、本当に信頼できる友人と深く付き合うタイプです。サークルの合宿の時には、ぼくは常にサブリーダーとして、リーダーをコントロールする役目で……』もう嘘をつくのは嫌だよ。テープレコーダーじゃねえんだぞ、俺は。二度とやるか、こんなこと」

㊻男はつらいよ　寅次郎の縁談

ありのままの自分を見せればな、それで不合格なら構わないんだ

満男　「行ってきます」
さくら　「面接に行くのね？　ねえ、ご飯は？　少しでも食べてったら？」
博　「満男、ちょっと待て」

タンスからネクタイを引張り出す。

博　「そのネクタイよくないから、こっちにしろ」
さくら　「こんな汚い靴履いて」
満男　「もう行くよ」
博　「満男、頑張れよ。心にもないことなんか言うことないんだぞ。ありのままの自分を見せればな、それで不合格なら構わないんだ」
満男　「わかった」

㊻男はつらいよ　寅次郎の縁談

ひとつ前の場面は同作の前半。寅との旅を経て、再び満男は、就職活動に臨む。博の言葉がやさしい。

俺からもよ、総理によーく頼んであるから

阪神淡路大震災の被災者と村山富市首相に語りかける寅次郎の姿がテレビに映る。

さくら「ちょっと、この帽子」

寅　「俺からもよ、総理によーく頼んであるから、な。みんなしっかりがんばってくれ！（総理に）頼むよ、村ちゃん！」

さくら「お兄ちゃんだわ！」

㊽男はつらいよ　寅次郎紅の花

渥美清最後の出演となった第48作（一九九五年）の冒頭場面。ニュース映像との合成とはいえ、時の総理大臣との共演が実現。発生からまだ一年も経たぬうちに阪神淡路大震災という現実の出

来事や映像を作中でこのように扱ったのも、最後にして挑戦的。その方法はその後の山田洋次監督作品、そして二十四年後に撮られた「新作」（第50作、「男はつらいよ　お帰り　寅さん」）へと展開されているように思う。

第3章

恋愛について

⓫「男はつらいよ　寅次郎忘れな草」

言うまでもなく、恋愛は「男はつらいよ」の重要なテーマである。この映画がこんなにも長大なシリーズになったのは、「寅が旅先で女性に恋をして、そして失恋する」というストーリーが、シンプルかつ普遍的であり、何度でも反復可能なものだったからだ。誰かが誰かに恋をする、そのエネルギーがこの映画の原動力である。

寅が語る、時に複雑で時に驚くほど単純明快な恋愛哲学は、「恋愛は結局思い通りにはならない」という、哀しい真理を示している。

また、シリーズを通して見ると、そこには寅だけでなく様々な人々の恋の諸相が描かれていることに気づくだろう。寅はしばしば他人の恋愛のサポーターになって、たくさんの恋の成就を見届けている。自分のことは棚に上げて、恋する若者に恋愛指南をする場面では、寅の名調子が謎の説得力を発揮する。

たくさんのマドンナのなかでも、浅丘ルリ子演じるリリーは特別篇を含めると計五作に登場し、寅にとっても、私たち観客にとっても特別な存在と言えるだろう。ふたりが重ねた歴史を踏まえつつあらためて寅とリリーのやりとりを読むと、その感慨はいっそう深まる。

要するに女をつかむのは目だよ

裏の印刷工場で働く博が、さくらに思いを寄せていると知った寅。

寅　「要するに女をつかむのは目だよ、ね。そう言ったって最初からお前、ジーッとこんなふうにして見ちゃダメだよ。のっけから色きちがいと思われちゃうから。だからね、なんつうのか、チラッと流すんだよね、チラッとこう流すんだよ。すると、こうやってる女の頬っぺたに電波がビビビビビーッて感じるんだよ。そうすると女がフッと見るじゃない。見られたなぁと思ったらね、フッと目をふせるんだ、見られたらフッと目をふせるんだよ。と、女はアラッと思うだろう。その時、パチッと眼《がん》を合わしたら、この目をグッとからませるんだよ。そして訴えるような、すがるような、甘えるような目で、じーっと見るんだよ。女は動かなくなるからね。そこで、もうひと押し、目にモノ言わせるわけだ」

博　「目にモノをですか？」

寅　「当たり前よ、目だってモノを言うよ、お前。言わしてみようか？　ちょっと見てろよ。（ジッと博をみつめて変な目つきをする）言ったろ？」

博　「何をです？」

寅　「何をですってバカヤロー！　アイ・ラブ・ユーだよ」

①男はつらいよ

決して相手の目を見ちゃいけねえぜ。お手々だけ、これがコタツの恋よ

旅館女将・志津の弟・信夫が芸者の染奴に惚れていると知り、指導する寅。

寅　「いいかおう、よく聞けよ。若い男がだ、たった一人の女のことでもって、もたもたしてるなんてのは衛生上よくねえよ、なあ。だから頭に血がのぼっちゃってよ、ヒューズがとんじまって、人のことブッツリ殺したくなるんだ。こういう恋愛ってのはね、ベテランにまかしとけよ、悪いようにはしねえからさ。いいか、相手はシャーゲイだよ。芸者は芸者らしく座敷で

信夫　「口説いたらいいいんだよ。よく見てろよ。俺がこれからどんな女だってイチコロで口説く方法教えてやるからな。俺が口説くってのは口で口説くんじゃねえぜ。じゃ、何で口説くんでしょう？　お手々で口説くんだよ」

寅　「お手々……？」

信夫　「お手々をコタツの中に入れてるわけだ。ね、お互いの手と手がスッスッて当たるわけよ。そのうち相手もよ、気のつかねえフリしてスッと手を引っこめようとする。しっかりその手を握るんだ。言っとくけどな、決して相手の目を見ちゃいけねえぜ。お手々だけ、これがコタツの恋よ」

③男はつらいよ　フーテンの寅

いや、頭の方じゃわかってるけどね。気持ちの方が、そうついてきちゃくれねえんだよ

さくら　「どうしてお兄ちゃんはそんな人に笑われるようなことばかりするの？

（と言って泣く）そりゃ、夕子さんはきれいな人よ。誰が見たって素敵だと思うわよ……。でも……、でも、お兄ちゃんとは関係ない人よ」

寅　「そんなこと、言わなくたってわかってるよ」

さくら　「わかってるならどうして」

寅　「いや、頭の方じゃわかってるけどね。気持ちの方が、そうついてきちゃくれねえんだよ、ねえ？　だから、これは俺のせいじゃないよ」

さくら　「だって、その気持ちだって、お兄ちゃんのものでしょう」

寅　「いや、そこが違うんだよ。早い話がだよ、俺はもう二度とこの柴又へ戻ってこねえとそう思ってもだな、ねえ。気持ちの方がそうは考えちゃくれねえんだよ。アッと思うとまた俺はここへ戻って来ちゃうんだよ。こら本当に困った話だよ」

さくら　「ウッフフフ（と思わず吹き出してしまう）」

寅ちゃん、私のために死んでくれる？　と言われたら、ありがとうと言ってすぐ死ねる、それが恋というもんじゃないだろうか

寅　「博、お前がさくらのこと恋した時は、寝ても覚めてもさくらのことしか頭になかったろ、何見たって全部さくらに見えちゃったろ、ええ？」

博　「それほどでも……」

寅　「なんだ、お前そうじゃねえのか？」

博　「だって、飯も食わなきゃいかんし、仕事だってしなきゃいけないし」

寅　「ほう、そうかい、お前、そんな気持ちでさくらに恋をしていたのか。いいかい、恋なんてそんな生易しいもんじゃないぞ。飯を食うときも、ウンコをするときも、もうその人のことで頭が一杯よ。なんだかこう胸の中が柔らかーくなるような気持ちでさ、ちょっとした音でも、例えば千里先で針がポトンと落ちても、ワーッとなるような、そんな優しい気持ちになって、いい、この人のためだったら何でもしてやろうと、命なんか惜しくない。ねえ寅ちゃん、私のために死んでくれる？　と言われたら、ありがとうと言ってすぐ死ねる、それが恋というもんじゃないだろうか。どうかね社長」

社長「さあ、俺は見合い結婚だからね——。申し訳ない」

⑩男はつらいよ　寅次郎夢枕

男と女の愛情の問題は、実に難しくて、まだ、け、研究しつくして、おらんのですよ

田所教授が教え子の礼子に恋心を抱いていることに気付き恋愛問答をする寅。

田所「つまり……、つまり、なんですよ。愛の問題、男と女の愛情の問題は、実に難しくて、まだ、け、研究しつくして、おらんのですよ」

寅「研究しちゃうのかい。もっと簡単なことだろう」

田所「簡単？」

寅　「常識だよ」
田所　「じゃあ、君、説明してみろ！」
寅　「いいかい。あー、いい女だなあ、と思う。その次には、話がしたいなあ、と思う、ね。その次には、もうちょっと長くそばにいたいなあ、と思う。そのうちにこう、なんか気分が柔らかーくなってさ。ああ、この人を幸せにしたいなあ、と思う。もうこの人のためだったら命なんかいらない、もう俺死んじゃってもいい、そう思うだろ。それが愛ってもんじゃないかい」

⑯男はつらいよ　葛飾立志篇

そこだよ、そこで最後のセリフを言う。「アイ・ラブ・ユー」――出来るか、青年！

とらやに下宿する良介にデートの指導をする寅。

寅　「決まってるじゃないか、映画を見るんだよ。ただし洋画はダメだぞ」

良介　「なぜですか」

寅　「考えてみろ、お前、カッコのいい男がスーッとした脚して次から次へと出てくるんだよ、そうだろ。終って電気がパッとつく。しみじみお前の顔を見て、ハーッ、ひどい顔しているなっていうことになっちゃうんだよ」

良介　「じゃ、日本の映画見ますよ」

寅　「それだからって何でもいいってわけじゃないぞ。ヤクザもの、ギャング映画、これダメだ。見た後、心が寒々としてね、恋だの愛だのという雰囲気にならないんだよ。悲恋もの、これもダメだな。あれは悲しい気持ちになってね、もう早くうちに帰っちゃおうという気持ちになっちゃう」

良介　「じゃ、何見りゃいいんですか」

寅　「決まってるじゃないか、おかしい映画。二人でさ、腹抱えて転げ回って笑ってさ、『あー、おかしかった。あんまり笑ったんであたしお腹空いちゃったわ』『そう、じゃ何か食べに行こうか』やっぱり食事はレストランがいいな。ケチケチしないでデザートもとってやれよ。いまの若い娘はよく食うからねえ。あのガラスの器に入った、ほら、あれ何て言うんだ。アイスクリームを、こうねじりうんこみたいに山盛りにしたやつ、あれなんか一口でペロッと食べちゃってさ。『あー、おいしかった、私お腹一杯食べちゃった』――それで二人は人影の少ない公園に行く。澄んだ秋空、さわやかな風。『あ、あんな所に花が』『え、どこに？』『ほら、ほら、そこに』――おい、こら、ここが大事なとこなんだよ。さし出したお前の手に娘の頬がふれる。娘が振り返る。いいか、ここで目をそらしちゃいけないぞ。じーっと娘の目を見る、お前が好きなんだよという思いをこめて娘の目を見る。そこでお前の気持ちが通じるんだ。そこだよ、そこで最後のセリフを言う。『アイ・ラブ・ユー』――出来るか、青年！」

⑳男はつらいよ　寅次郎頑張れ！

何も言わない、目で言うよ。お前のことを愛しているよ

満男が通う英語塾の教師・めぐみが、母・圭子のいる前でアメリカ人の恋愛観を語る。

めぐみ「曖昧なのはいけないの。ほら、ボーイ・フレンドにアイ・ラブ・ユーって言われるでしょう。その時、もし嫌だったらね、THIS IS IMPOSSIBLEって、そうはっきり言わなくちゃいけないの」

博「IMPOSSIBLE、なるほどね」

社長「それ、ダメってことか？」

めぐみ「そうよ。IMPOSSIBLE。私も言ったことある」

圭子「バカねえ、この子」

社長「ねえねえ、寅さん、嫌だろうねえ、そんなこと言われたら」

寅「バカ。日本の男はそんなこと言わないよ」

博「じゃ、なんて言うんです？」

寅　「何も言わない、目で言うよ。お前のことを愛しているよ。すると向こうも目で答えるな。悪いけど私あんたのこと嫌い。するとこっちも目で答えるな。わかりました、いつまでもお幸せに。そのままくるっと背中を向けて、黙って去るな――それが日本の男のやり方よ」
竜造　「お前はそればっかりじゃないか」

㉔男はつらいよ　寅次郎春の夢

さすがに寅さんが雄弁なのでこの章のコメントは少なめである。ご覧の通り、寅の恋愛論における実践編で大事なのは「目」と「手」の使い方だ。ちなみにこの「寅次郎春の夢」では、とらやに下宿したアメリカ人・マイケルがさくらに恋をする。思いを告げられたさくらは驚き慌てながらも、ここで教わった通り「ＩＭＰＯＳＳＩＢＬＥ」と答える。

あれ、まだ昼ですか？　今日夜になるの遅いな？

英語塾のめぐみ先生と、その母・圭子が来るのを首を長くして待つ寅。

御前様「お前、さっきから何をうろうろしとるんだ」
寅「え、ええ、あの、今夜とらやへね、お客さん来るんで、それを待っているんですよ」
御前様「今夜？」
寅「ええ」
御前様「まだ昼じゃないか」
寅「あれ、まだ昼ですか？　今日夜になるの遅いな？」
御前様「一度、医者に診てもらったらどうだ」
寅「ええ」
御前様「お医者さんに」
寅「なんだい、さっきから一時間も待っているのに、時計はまだ五分もたっていねえんだからな。おい源公、おい、お前そんなことしてないで、早めに鐘打って、早いところ夜にしろ、夜に！」

俺が会ったら、何するか、わからねえよ

寅　「俺はな、あの娘が男と泊まり歩くようなふしだらな娘だとは思わなかったんだよ」

さくら　「そんなこと言ったって、あの子は子供じゃないのよ。もう一人前の大人なのよ」

寅　「そいつが女ったらしだったらどうするんだ？　すみれは騙されてるんじゃねえか」

さくら　「それはね、お兄ちゃん、すみれちゃんを信じてあげるしかないの。あの子が自分の判断でしたことだから、きっと間違いはない——そう思ってあげるしかないのよ」

寅　「難しいことは俺にはわからねえよ。いいよ、すみれのことはお前達に任せるよ」

とカバンを持って立ち上がる。

寅　「そのかわり、さくら、そいつが本当に真面目な男かどうか、すみれと世帯を持って、地道に暮らしていける男かどうか――お前、ちゃんと確かめてやれよ」

さくら　「それだったら、お兄ちゃんが会って、お兄ちゃんの目で確かめればいいじゃない」

寅　「俺が会ったら、何するか、わからねえよ」

㉖男はつらいよ　寅次郎かもめ歌

死んだ友人の娘すみれのために尽力した寅だったが、すみれが恋人と結婚することを決めたと聞き旅に出ることに。失恋して旅に出る、といういつものパターンとは違い、親心に近い寅の心情が表れた場面。この作品と同様に、「マドンナ」と謳っていても、寅が向ける思いは必ずしも恋愛感情に限らない。失恋のマンネリズムと言われるが、寅の女性に対する心情は実は複雑多様だ。

あれが惚れた相手に言うセリフかよ

三郎　「なんですか」
寅　「お前、惚れたな」
三郎　「惚れて悪いんですか」
寅　「あれが惚れた相手に言うセリフかよ、ええ？　わしとつきおうてくださいーーおかしい、おかしいよお前、まるでチンピラの押し売りだよ、それじゃ」
三郎　「じゃ、どう言えばいいんですか」
寅　「こういうのは雰囲気。スッとそばに寄るだろ、ね。お嬢さん、東京へ帰ったら、もういっぺん顔が見たいなあ、僕。こう言えばいいじゃねえか、お前」

㉚男はつらいよ　花も嵐も寅次郎

沢田研二演じる気弱な二枚目・三郎に、寅がしたり顔で恋の助言をするのがおかしい。寅は三郎の恋の相手・螢子（田中裕子）の恋の相談にものっていて、この作品ではキューピッド役に奔走する。この作品での共演をきっかけに、ふたりが現実でも結婚したのは有名な話。

俺から恋を取ってしまったら何が残るんだ？

三郎　「寅さんは、恋をしたことがありますか」

寅　「おい、こら。お前、誰に聞いているんだ。恋をしたことがありますか？　よく言うよ、お前。俺から恋を取ってしまったら何が残るんだ？　三度三度飯を食って屁をこいてクソをたれる機械、つまりは造糞器だよ。なあ、おいちゃん」

㉚男はつらいよ　花も嵐も寅次郎

あいつがしゃべれねえっていうのはな、あんたに惚れてるからなんだよ

螢子「こんな風に寅さんとなら、何だって話せるでしょ。寅さんとだったら何時間一緒にいたって退屈なんかしないでしょう。三郎さんとは、そうじゃないのよ」

寅「螢子ちゃん、わかってやれよ。あいつがしゃべれねえっていうのはな、あんたに惚れてるからなんだよ。

今度、あの娘に会ったら、こんな話しよう、あんな話もしよう、そう思ってね、家出るんだ。いざ、その娘の前に座ると、全部忘れちゃうんだね。で、バカみてえに黙りこくってんだよ。そんな手前の姿が情けなくて、こう、涙がこぼれそうになるんだよ、なっ。女に惚れてる男の気持ちって、そういうもんなんだぞ」

㉚男はつらいよ　花も嵐も寅次郎

本当は会いたい、どれだけ会いたいかわからない

酒屋の娘・ひろみの愛する一道（朋子の弟）が上京してしまったので、彼女を励ます寅。

寅　「本当は会いたい、どれだけ会いたいかわからない。でも、お前のその可愛い顔を見たとたんに、そんな勇気はすっとんじゃって、もう故郷《くに》を捨てるなんてことはできねえんだ。もう東京なんか行くのはよそう。お寺の跡をついでずーっと暮らそう。そういう気持ちになっちゃうってことが、あいつはわかっているからこそ、心を鬼にして、お前に会わずに出て行っちまったんだよ」

ひろみ　「そうじゃろうか」

寅　「まあ、離れて暮らすのはつらいだろうけども、いずれあいつは、立派な写真屋になってだな」

ひろみ　「違います。あの人がなりたいんは写真屋じゃのうて、写真家です」

寅　　「違うのか？」
ひろみ　「全然違います」
寅　　「ま、何でもいいや。その立派な写真家とやらになったら、必ずお前を迎えに来るから、なっ。それまでお前、一生懸命ビールを配達して待ってろ、うん」

㉜男はつらいよ　口笛を吹く寅次郎

いいんだよ、食わなくたって。あんなきれいな人と一緒に暮らせたら、腹なんか、すかないいんだよ

焼鳥屋で意気投合して自宅に泊めてくれた証券マン・富永の激務ぶりを話す寅。

寅　　「毎晩必ず残業だ。早くて十時、遅くて家へ帰るのが真夜中の十二時から一時だ。ひとことも口もきかず、ザブーンと風呂に入る。ごろっと寝る。ああ、もったいない」

博　「何がですか？」

寅　「鈍いやつだなあ。あんなきれいな奥さんがいながら、旦那はろくにその顔を見る時間もないということなんだぞ」

さくら　「だって、しょうがないじゃない」

寅　「しょうがなくなんかないよ。仮に俺があんなきれいな奥さんをもらったとしたらだな」

竜造　「もらえるわけねえだろう」

寅　「仮にって言ってるだろう」

竜造　「うん、ごめん、ごめん。悪かった」

さくら　「仮にそういう奥さんもらったら、お兄ちゃんならどうするの？」

寅　「俺？」

さくら　「うん」

寅　「一日中その顔じーっと見てる」

一同、顔を見合わせる。

つね　「やだねえ。見てるったって、奥さんなら他にいろいろ仕事があって、忙しいだろう」

竜造　「そりゃそうだよ」

寅　「いいじゃない、仕事してたって。台所で洗い物をしている、そのきれいなうなじを俺は見つめている。針仕事をする、白魚のようなきれいな指先を俺はじーっと見惚れる。買物なんかだって、ついてっちゃうよ。八百屋で大根を値切っているその美しい声音に思わず聞き惚れる。夜は寝ない。スヤスヤと可愛い寝息をたてるその美しい横顔をじーっと見つめているな、俺は寝ない！」

博　「問題があるなあ、その考え方には」

竜造　「第一お前、どうやって食っていくんだい？」

寅　「いいんだよ、食わなくたって。あんなきれいな人と一緒に暮らせたら、腹なんか、すかないんだよ。――それが何だい、朝は六時、夜中は十二時、たまの日曜日はゴルフか。あーあ、もったいねえなあ」

自分の中にその恐ろしさを感じて
苦しんでるんだと思いますよ、兄さんは

行方不明の夫を一緒に探すうちに人妻のふじ子に恋心を抱いてしまった自分を恥じる寅。

あけみ　「なんか熱《ねっ》っぽい目してね、俺は醜い男だ、そう思わないか、だって。だからしょうがないからね、寅さんは顔は三枚目だけど心は二枚目よって言ってやったんだよ。そしたらマジで怒るのよ。頭にきちゃった。せっかく高いりんご買ってきたのになあ」

竜造　「悪かったな」

あけみ　「でも、みなさん大変ねえ、お大事に」

さくら　「どうもありがとう」

博　「何にもわかっちゃいない」

つね　「私もよくわかんないんだけど、ねえ、何が醜いんだい？」
竜造　「うん？　つまり、人妻に惚れたってことじゃないのか」
さくら　「それだけなら、まだあんなに苦しまないんだろうけど。ね、博さん？」
博　「あの奥さんに恋するあまり、蒸発している旦那さんが帰ってこなければいい、そんなことを心のどっかで願ってる自分に気付いて、ゾッとするということかな」
つね　「恐ろしい」
博　「だから自分の中にその恐ろしさを感じて苦しんでるんだと思いますよ、兄さんは」

㉞男はつらいよ　寅次郎真実一路

自分の醜さに苦しむ人間は、もう醜くはありません

博　「兄さん、もういい。それ以上自分を責めないでください」

寅　「はあー、俺は醜い……」

博　「自分の醜さに苦しむ人間は、もう醜くはありません」

さくら　「御前様もおっしゃってたわ。それは進歩だって」

寅　「ありがとう。その言葉を餞別《せんべつ》として俺は行くよ」

㉞男はつらいよ　寅次郎真実一路

訳あって耶蘇教に宗旨替えをしたいから、よろしくなどと言っておった

五島列島でクリスチャンの老婆を看取った寅は、その孫娘の若菜に惚れてしまう。

さくら　「先日、兄が帰ってまいりまして」

御前様　「うん、私に挨拶に来たよ」

さくら　「あら、伺ったんですか？」

御前様　「うん、訳あって耶蘇《やそ》教に宗旨替えをしたいから、よろしくなどと言っておった」

さくら「まあ、何てことを。申し訳ありません。どうせ気まぐれだと思います」
御前様「いや、あれが幸せになるなら何を信じようとかまわんが、あの難儀な男を教会が引き受けてくれるかどうか」

㉟男はつらいよ　寅次郎恋愛塾

惚れた女の部屋で居眠りするなんてな、そんな男に恋をする資格なんかないんだ

民夫「途中まではうまくいったんです。公園では雨も降ってくれて、一緒にアパートの前に帰ってきたら、あの人は、ちょっと寄っていかないって。そこまではよかったんですが、暖かい部屋のソファーに座ったら、急に眠たくなってしまって。何しろ前の晩は一睡もしてなくて、おまけに水割り五杯も夕食の時に飲んじまって、もう眠くて眠くて。緊張の持続には限界がありますからねえ。僕はあの人の部屋で寝てしまって、気がついたら朝です」

さくら　「で、若菜さんは？」

民夫　「たぶん大家さんの家で寝たんだと思います。朝会っても恐い顔して、声もかけてくれないいんです。どしたらいいんでしょう、寅さん」

寅　「終わりだよ！」

民夫　「だっ、だって、本当に眠かったんですよ。もう生理的に限界だったんです」

寅　「バカ野郎！　一晩徹夜したぐらいで、水割り五杯ぐらい飲んだくらいで、惚れた女の部屋で居眠りするなんてな、そんな男に恋をする資格なんかないんだ。恋なんてそんな甘いもんじゃないんだぞ」

さくら　「でもね、眠かったんだから」

寅　「女にこの気持ちは、わからない、お前は黙ってろ。お前はな、秀才だかインテリだか知らないが、お前が昨夜した行為は、若菜ちゃんに対して、お前は女として全然魅力がないんだぞ、と言ったのとまったく同じなんだ。

若菜ちゃんが、どんなに傷ついたか、お前にはわからないだろう」

㉟男はつらいよ　寅次郎恋愛塾

この女を俺は大事にしてえ、そう思うだろう。それが愛ってもんじゃゃねえか

あけみ「ねえ、愛って何だろう?」
寅「ほう、お前もまた面倒なこと聞くねえ」
あけみ「だってわかんないんだもん」
寅「ほら、いい女がいたとするだろう、なっ。男はそれを見て、はあー、いい女だなあ、この女を俺は大事にしてえ、そう思うだろう。それが愛ってもんじゃねえか」
あけみ「どうして寅さんにお嫁さん来ないんだろう」

㊱男はつらいよ　柴又より愛をこめて

愛してるって言われて不愉快に思う女がいると思う？

レストランで、先日見合いをしたことを話しだす文人。

文人　「ところが、（娘の）千秋が絶対反対なんです、私が再婚することに。結局ダメになって助かりました。（ごまかすように笑う）ハハハハハ……」
真知子「どうして笑うの？　ちゃんと説明すればわかるわよ、賢い子なんだから。私から話してもいいわよ」
文人　「それはダメです」
真知子「どうして？」
文人　「その時にこういうことを言ったんです。新しいお母さんが来るとしたら真知子おばちゃんがいい、他の人は嫌だって。ハハハハハ……」

真知子、席を立って窓辺へ寄る。

文人　「少し酔ったのかな？　そんなこと言うつもりは全然なかったのに——。

どうもすいませんでした。そりゃもちろん、千秋の望み通りになれば、あいつはどんなに幸せか——」

文人、真剣な表情にかわる。

文人　「いや、それは卑怯な言い方だな。あなたと暮らせたら、僕はどんなに幸せかと、ずーっと思ってました」

店でバラライカの演奏が始まる。

文人　「あなたの気持ちも考えずに、勝手に自分のことばかりしゃべって、不愉快だったでしょう。勘弁して下さい」

真知子　「愛してるって言われて不愉快に思う女がいると思う？」

文人　「あ、ありがとう。でも、もう、こういう話は二度としませんから」

真知子　「私はどう受けとめたらいいの？　あなたに結婚を申し込まれたと考えていいの？」

文人　「あ、はい。でも、もちろん……」

真知子　「私、考えておきます」

彼は誠実な人だし、女の子は私にとても懐いているし、何も問題はないの

真知子　「学生時代、一番仲よかった友達がいたの。勉強ができて明るくてチャーミングで。まあ、この人一体どんな人と結婚するんだと思ってたら、びっくりするぐらい地味な、美男子とは一番縁が遠いような人と一緒になったの」

寅　「まあ、世間にはそういう話は、よくありますよ」

真知子　「すぐ女の子が生まれたんだけど、彼女ブクブク太っちゃって身なりは構わなくなって、もうすっかり普通のおばさんになっちゃってね。でも、ニコニコ笑って幸せそうなの」

寅　「ああ、妹のさくらだって、そんなようなもんです」

真知子「そう？　私、彼女がとってもうらやましかったんだけど、女の子が小学校に上がった年、悪い病気にかかって、死んじゃったの、彼女」

ハッとする寅。

真知子「残された子が可哀想で、私、お誕生日には毎年プレゼントあげたりしてたんだけど、実は昨日、その子のお父さんから、突然――」

寅「その子のお母さんになってくれって言われたんでしょう？」

真知子「彼は誠実な人だし、女の子は私にとても懐いているし、何も問題はないの。……でもね、ああ、でも……、もしそうなったとしたら、身を焦がすような恋の苦しみとか、大声で叫びたいような喜びとか、胸がちぎれそうな悲しみとか、そんな、……そんな感情は胸にしまって鍵をしたまま、一生開けることもなくなってしまう。そんな悩み、寅さんならどう答えてくれるかと思ってね……」

寅「いや、俺のような渡世人風情の男には、そんな難しいことはわからねえ」

飛行機に向かうバスが着き、乗客たちが乗りこむ。

寅　「ただ――」
真知子　「えっ？」
寅　「お話の様子じゃ、その男の人は、きっといい人ですよ」

㊱男はつらいよ　柴又より愛をこめて

話はあとで聞く。さ、すぐ追っかけて行きな

思いを寄せ合う美保と健吾だが、とらやで言い合いになり健吾が飛び出すのを見ていた寅。

美保　「そんな関係じゃないの。九州から出てきて、寅さんおらんしね、どうしていいかわからん時――」
寅　「話はあとで聞く。さ、すぐ追っかけて行きな」
美保　「でも……」
寅　「お前はあの男が好きだし、あいつはお前に惚れてるよ。俺から見りゃよくわかるんだ」

さくら　「お兄ちゃんの言う通りよ。もし本当にこのまま別れ別れになったら、どうするつもり？　ねえ、これお釣り。渡してあげて、さあ」

㊲男はつらいよ　幸福の青い鳥

男が女に惚れるのに歳なんかあるかい

父の順吉がスナックのママ・悦子に恋心を抱いていると知って驚くりん子。

寅　「こっちは冗談のつもりで言ったのにさ、向こうは真に受けて急に怒り出しちゃったろ。俺、驚いちゃってな」

りん子　「何を言ったの？」

寅　「いや本当に惚れてるんだったら、俺がひと肌脱いでもいいぜと、こう言ったのさ」

りん子　「惚れてるって、誰に？」

寅　「他にいますか？　はまなすのかあさん（悦子）だよ」

りん子「まさか、父さんが恋してるなんて。そんな……、悪い冗談よ、ほんとに」
寅「あれ、りん子ちゃん知らなかったのか。俺なんかあの二人最初見た時からピーンときてたぞ」
りん子「だって、父さんもう歳よ」
寅「男が女に惚れるのに歳なんかあるかい」
りん子「でも……」
寅「何よりの証拠にね、俺がおじさんにそのこと言ったら、真っ赤になって怒ってさ。しまいには鉄砲持ち出して、俺撃ち殺されそうになったよ」
りん子「じゃ、本気かしら？」
寅「本気も本気。今おじさんの胸のうちは、恋の炎でもって、もうジリジリジリジリ、焼肉みたいになっちゃってる」

㊳男はつらいよ　知床慕情

勇気を出して言え。今言わなかったらな、おじさん、

一生死ぬまで言えないぞ！

スナックをやめて故郷に帰るという悦子に、恋心を抱く順吉は断固反対する。

順吉「とにかく行っちゃいかん。俺が許さん」
悦子「なーんて偉そうな口きくの。私がどうしようと、私の勝手でしょう。先生の女中じゃないんだよ」
りん子「そうよ、おばさんの言う通りよ」
順吉「うるさい！」
悦子「まあ、あきれた」
寅「なあ、おじさんよ、あんたがそこまで反対してるってのは、それなりの訳があるんだろう？　だったらその訳をちゃんと言ってみな」
順吉「フッ、言えるか、そんなこと」
寅「ほう、言えませんと。言わなきゃおしまいだ。ママは新潟に帰っちゃうもんな」

順吉「だから俺は反対だと言ってるんじゃないか！」
寅「だからその訳をちゃんと言えっていってるんだ、男らしく。みんなもそう思うだろう」
みんな「うんだ、うんだ！　頑張れ！」
寅「勇気を出して言え。今言わなかったらな、おじさん、一生死ぬまで言えないぞ！」
順吉「ハア……、よし！　言ってやる、言ってやるぞ！」
寅「よし！　行けえ！」
順吉「俺が、行っちゃいかんという訳は、俺が……、俺が……、俺が惚れてるからだ。悪いか！」

㊳男はつらいよ　知床慕情

不器用極まりなく、昔気質の順吉（三船敏郎）が、長年近所づきあいをしている悦子（淡路恵子）への思いを告げる場面。堅物で気難しい順吉に寅が告白を煽る。「勇気を出して言え」など、どの口が言えるんだ、という気にもなるが。自分のことはさておき、人への指南はやたらと積極的で自信満々なのである。

旅先で、ふるいつきてえようないい女と巡り会うことさ

兵馬　「一体あなたは、どういう方なんでしょうか」

寅　「はっ、どういう方って、そうよな、まあひと言で言って、旅人。稼業で言うと渡世人といったところかな」

兵馬　「旅人か――いいなあ」

寅　「いいことばっかりありゃしねえよ。でも、こりゃしょうがねえや、なあ。てめえが好きで入った道だから」

兵馬　「じゃ、あなたにとって、何でしょうか、生きがいというのは」

寅　「そうさなあ」

　　寅、ヌッと立ち上がる。

寅　「旅先で、ふるいつきてえようないい女と巡り会うことさ」

若い時っていうのはな、胸の中に炎が燃えている。
そこに恋という一文字を放り込むんだ。パアッと燃え上がるぞ

満男と泉が自転車に乗って去っていく。

寅「自転車に二人乗りか。青春だなあ。博、お前も身に覚えがあるだろう」

博「は？」

寅「若い時っていうのはな、胸の中に炎が燃えている。そこに恋という一文字を放り込むんだ。パアッと燃え上がるぞ。水なんかかけたって消えはしない。『お父さん、お母さん、僕たち同棲します』もちろんお前たちは怒るなあ。『学生の分際でなんということを言うんだ、絶対許さん！』そこで、この寅伯父さんの登場よ」

社長「フフフッ、なるほど」

寅　『よし、話はわかった。この伯父さんが必ずお前たちを添い遂げさせてやろう。だから、あと三年待て。満男、お前は大学を卒業して社会人となった暁には、この伯父さんがきっと、世帯を持たせてやるからな』『伯父さん、わかりました。どうもありがとうございます』なに、三年なんてのはあっと言う間だよ。――結婚式だ。満男は羽織袴、あの子は白無垢の打掛け。これはきれいだぜ、おばちゃん。俺の前に両手をついて、『おじちゃま、ありがとうございました。私きっと幸せになります』

竜造　「いいとこだな」

つね　「私、涙が出てきちゃったよ」

㊸男はつらいよ　寅次郎の休日

「恋という一文字を放り込む」くだりの鮮やかさ。そして寅の語りは、続くやや時代がかった空想でおばちゃんを涙ぐませさえする。もっとも「登場」した伯父さんがいったい何をしてくれるのかはまったく謎である。

はっきり言うけどな、一度や二度失恋した方がいいんだよ。失恋して人間は成長するんだい

後輩の泉への思いを断ち切れない満男を心配する博とさくら。

さくら「私たちが真面目に相談しているのに、あんまりいい加減じゃないの。もし満男が失恋でもしたらどうしてくれるの」

寅「はっきり言うけどな、一度や二度失恋した方がいいんだよ。失恋して人間は成長するんだい」

博「お言葉を返すようですけどね、兄さん、失恋して成長するんなら、兄さんなんか今頃博士か大臣になってるはずじゃないんですか」

社長「あははは、うまい、うまい」

寅「コンチキショウ、タコ！」

何百万遍も惚れて、何百万遍も振られてみたいわ

寅が惚れた女性たちのことを、竜造、つね、さくらが次々と思い出した後。

リリー「いいなあ寅さんて、いいねえ」
寅「どうしてよ？　別にいいことなんかねえよ。ぶっちゃけた話、いつも振られっぱなしなんだから」
リリー「いいじゃない。何百万遍も惚れて、何百万遍も振られてみたいわ」
寅「またまたまた」
竜造「あんたみたいなきれいな人なら、惚れた男は何人もいるでしょうなあ」
リリー「そうじゃないの。惚れられたいんじゃないのよ、惚れたいの。そりゃ、いろんな男とつき合ってきたわよ。でもね、心から惚れたことなんて、一度もないのよ。一生に一度でいい、一人の男に死ぬほど惚れて惚れて惚れぬいてみたいわ。振られたっていいの。振られて首吊って死んだって、私、

それでも満足よ」

燃えるような恋をしたい

二階の隣りあった部屋で十五夜の月を眺める寅とリリー。

リリー　「――恋をしたいなあ」
寅　「……」
リリー　「寅さん、聞いてる？」
寅　「聞いてるよ」
リリー　「燃えるような恋をしたい」
寅　「……」
リリー　「寅さん、聞いてる？」

⑪男はつらいよ　寅次郎忘れな草

リリーの夢をかなえてやるのよ

寅　「あーあ、俺にふんだんに銭があったらなあ」
さくら　「お金があったら、どうするの」
寅　「リリーの夢をかなえてやるのよ。たとえばどっか一流劇場、なあ、歌舞伎座とか、国際劇場とか、そんな所を一日中借り切ってよ。あいつに好きなだけ歌を歌わしてやりてえのよ」
さくら　「そんなにできたら、リリーさん喜ぶだろうね」

⑮男はつらいよ　寅次郎相合い傘

リリーのコンサートを夢見る寅。右のやりとりが、リリーのコンサートをその場で再現するかのような長台詞を導き、「寅のアリア」と呼ばれる名場面が生まれる。そちらも掲載したいところだが、最大の魅力は渥美清のすばらしい声と調子でありそれ抜きにその魅力は伝えがたい。ぜひ映画を観て味わっていただきたい。

お兄ちゃんとリリーさんが結婚したらどうなると思う?

満男を遊ばせながら、土手に座って話す博とさくら。

博　「すぐ喧嘩するけどすぐ仲直りをするというのは、本当に仲の良い証拠なんじゃないのか。それに、あの二人の喧嘩は夫婦喧嘩のようなもんだよ」

さくら　「それじゃあ、お兄ちゃんとリリーさんが結婚したらどうなると思う?」

博　「え?　アッハッハッハッ」

さくら　「真面目な話よー。うまく行くと思うなあ。だってさ、リリーさんならお兄ちゃんをちゃんとコントロールできるだろうし」

博　「そうか……、なんていったって、リリーさんは苦労してきた人だからなあ。案外うまく行くんじゃないのかな」

⑮男はつらいよ　寅次郎相合い傘

リリー、俺と世帯持つか

茶の間で博とさくらに沖縄の思い出を話すリリーと寅。

リリー「私、幸せだった、あの時」

夢を見るような表情のリリー。寅は寝転んでボーッとしている。

寅「リリー、俺と世帯持つか」

寅、自分の言葉にハッとし、ガバッと起き上がりキョロキョロ見回す。

寅「俺、今何か言ったかな……？」

リリー「アハハハ、いやねえ寅さん、変な冗談言って。みんな真に受けるわよ。ねえ、さくらさん」

さくら「ええ……」

寅「ハハハ、そうだよ、そうだよ、ここは堅気の家だからな。これはまずかったよ、アハハ」

リリー「私達夢見てたのよ、きっと。ほら、あんまり暑いからさ」

リリーへのプロポーズ。不慮を装った本気のようにも、本当にうっかり漏れた声のようにもとれる。

長いシリーズのなかで、ほんの数回だけ、寅の恋愛は成就しかけるのだが、ここはそのうちのひとつ。その相手はいずれもリリーである。しかしすんでのところでいつも「冗談」ということになってしまうところに、寅の、そしてリリーの抗いがたい宿命のようなものがうかがえて哀しい。

リリーさんがね、お兄ちゃんと結婚してもいいって

さくら「リリーさんがね、お兄ちゃんの奥さんになってくれたら、どんなに素敵だろうなって……。ねえ、冗談よ、本当に冗談よ」

博「あっ、気にしないで下さい。夢みたいなことを二人で話してただけですから」

リリー「……いいわよ、私みたいな女で、よかったら」

さくら　「……あの、いいって……」

リリー頷く。

さくら　「まさかお兄ちゃんの奥さんになってもいいってことじゃ……」
リリー　「そう……」
博　「本当ですか？」
さくら　「どうしよう、博さん。おばちゃん、聞いた？」
つね　「ちょっと、あんた！」
竜造　「お、落ち着けバカ、みっともないぞ。もうすぐ寅が帰ってくるから。あ、帰ってきた！」
寅　「よう、とらやのみなさま、今日一日、労働ご苦労様でございました」
さくら　「お兄ちゃん、大変よ」
寅　「何だ大変て」
さくら　「リリーさんがね」
寅　「リリーがどうかしたのか、何だ」

さくら　「違うのよ、リリーさんが結婚してもいいって」
寅　「結婚？　誰と？」
さくら　「お兄ちゃんとよ」
寅　「俺と？」
さくら　「リリーさんがね、お兄ちゃんと結婚してもいいって言ってくれたのよ。よかったわねえ……」
寅　「フッ、何言ってんだ、お前、真面目な顔して、ええ？　あんちゃんのことをからかおうってのか」
さくら　「からかってるんじゃないわよ」
寅　「おい、リリー。お前も悪い冗談やめろよ。まわりは素人だから、みんな真に受けちゃってるじゃねえかよ」
博　「兄さん」
寅　「いいから、ちょっと博、お前は黙ってろ。おい、リリー」
リリー　「何？」

寅　「いいから、ちょっとお前こっち来いよ。お前本当にじょ、冗談なんだろう？　ええっ？」

寅の眼をじっと見つめたリリーの表情が、ふと悲しげに笑う。

リリー　「そう、冗談に決まってるじゃない」

⑮男はつらいよ　寅次郎相合い傘

こうして見ると、前の場面（第25作）の「変な冗談言って」というリリーのセリフが、第15作で交わされた右のやりとりでの寅に向けた仕返しのように見える。

カッコなんて悪くたっていいから、男の気持ちをちゃんと伝えて欲しいんだよ、女は

泉の結婚式をめちゃくちゃにした満男を寅が叱っていると。

リリー　「バカバカしくて聞いちゃいらんないよ」

寅　「なんだい、どこが気に入らねえんだ？」

リリー「それがカッコイイと思ってんだろう、あんたは。だけどね、女から見りゃ滑稽なだけなんだよ」

寅「お前、何が言いたいんだよ、リリーは」

リリー「カッコなんて悪くたっていいから、男の気持ちをちゃんと伝えて欲しいんだよ、女は。大体、男と女の間っていうのは、どっかみっともないもんなんだ。後で考えてみると、顔から火が出るような恥ずかしいことだってたくさんあるさ。でも、愛するっていうことはそういうことなんだろう？　きれいごとなんかじゃないんだろう？　満男君のやったことは、間違ってなんかいないよ」

寅「ちょっと待てよ。俺が言ってることはな、男は引き際が肝心だってことを言ってんの。それが悪いのか」

リリー「悪いよ。バカにしか見えないよ、そんなのは。自分じゃカッコイイつもりだろうけど、要するに卑怯なの、意気地がないの、気が小さいの。体裁ばっかり考えてるエゴイストで、口ほどにもない臆病者で、ツッコロバシで、グニャチンで、トンチキチーのオタンコナスだってんだよ！」

㊽男はつらいよ　寅次郎紅の花

今だから言うけど、お兄ちゃんとリリーさんが一緒になってくれるのは、私の夢だったのよ

さくら「今だから言うけど、お兄ちゃんとリリーさんが一緒になってくれるのは、私の夢だったのよ。お兄ちゃんみたいに自分勝手でわがままな風来坊に、もし一緒になってくれる人がいるとすれば、お兄ちゃんのダメなところをよくわかってくれて、しかも大事にしてくれる人がいるとすれば、それはリリーさんなの、リリーさんしかいないのよ。そうでしょう、お兄ちゃん」

㊽男はつらいよ　寅次郎紅の花

第４章

女性の生き方について

㊳「男はつらいよ　知床慕情」

今回「男はつらいよ」の台本を全作読み通してみて驚いたことのひとつは、そこに描かれた女性たちの生き方がとてもアクチュアルに感じられたことだった。

これは、映像でなく文字で読んだから気づけたことだったかもしれない。「マドンナ」と称される各話のヒロインを見るときは、どうしたってその華やかさにばかり注目してしまいがちだし、一方さくらやおばちゃんといった寅の周囲のキャラクターは、映像で見ているうちは一見「働く男とそれを支える女」という古風な家族観や男女観をなぞっているような印象の方が強かった。

ところが、「男はつらいよ」に登場する女性たちが発する言葉を注意して読んでみると、そこにはむしろ仕事や結婚をめぐって女性が被る不平等や、女性の自立を妨げる因習を訴えるものがとても多く、この映画が常に先進的な女性を登場させ、その姿勢を積極的に示していたことが明らかになる。

その最たる例は、リリーと泉の言葉だろう。そしてまた、彼女たちの言葉に対していつも静かに同意と支持を示してきたさくらの姿も忘れてはいけない。

結婚したら、君はバラの手入れだけしてりゃいいんだよって

歌子を囲むとらやの面々。面白い話はないかと言う寅に、歌子が失恋話を打ち明ける。

歌子　「その時は父も気に入ってて、で、結婚するところまで……。私なんでこんな話するのかしら」

さくら　「ね、よかったらその話聞かせて」

歌子　「ある日、私その人の家に遊びに行ったの。お庭が広くてね。で、垣根に真っ赤なバラの花がこう咲いているような家だったんだけどね」

さくら　「へえ」

歌子　「そしたらね、その人がね……。恥ずかしいわ、私、こんな話」

さくら　「いいじゃないの。それでその人が？」

歌子　「その人が、私にこんなこと言うのよ。結婚したら、君はバラの手入れだけしてりゃいいんだよって」

さくら　「ふーん」

歌子　「その時私、なぜだか、急にいやあな気持ちになっちゃってね。うーん、何て言ったらいいのかな。バカにされたみたいなっていうのかな……。それで家に帰って父に話したら、そんなやつ、やめちまえって言うもんだから……結局、それきりやめちゃったの」

⑨男はつらいよ　柴又慕情

ほら、日本には未亡人なんて、嫌な言葉があるじゃないの

博　「いや、食うに困らないからと言って、それで歌子さんが幸せかと言えばそれは違いますよ」

つね　「あら、どうして？」

博　「つまり、女性としてというか、あるいは人間として生きていく張り合い、とでも言うのかな。それが歌子さんにとって何なのか……」

さくら　「ほら、日本には未亡人なんて、嫌な言葉があるじゃないの」

竜造　「へっへえ、未亡人サロンってやつか」
さくら　「おいちゃん！」
博　「歳を取った人ならともかく、まだ若い歌子さんがそんな肩書をつけられて、今の時代を人間らしく生きていくってことは大変ですよ」

⑬男はつらいよ　寅次郎恋やつれ

下品な竜造のセリフをさくらが叱っている。演じ手が三人替わった竜造のうち、いちばんくずれた印象なのが第9作から第13作まで務めた松村達雄のおいちゃんで、個人的には好きだが、初代の森川信、三代目の下條正巳ならばこのセリフもなかっただろう。ちなみに松村達雄は、おいちゃん役につく前も、退いた後も、医師や教師など印象深い役で登場している。

男に食わしてもらうなんて、私、まっぴら

リリー　「もうお金ないの、どうやって食べてくの？」
寅　「お前、貯金もっていたじゃねえか」

リリー「もう使っちゃったのよ、ほら。この残りはね、どうしようもなくなって
内地に帰る時の飛行機代」
寅「俺がなんとかしてやるよ」
リリー「嫌だね」
寅「どうして」
リリー「男に食わしてもらうなんて、私、まっぴら」

㉕男はつらいよ　寅次郎ハイビスカスの花

きちんと話し合える自信あるのね？

二階で身支度をする風子に気づいたさくら。

さくら「あら、出かけるの？」
風子「私、どうしても今日中に行かなくちゃならないところが……」
さくら「どこへ？」

風子　「さくらさんだから、はっきり言います。トニーに会うの」
さくら　「あの人に？」
風子　「このまま別れてしまうのは、どうしても嫌なの。ちゃんと話し合っておきたいの。今日は十五日でしょう。確か明日巡業に行くって言ってたから、どうしても今日中に会っておかないと」
さくら　「きちんと話し合える自信あるのね？」
　　風子、頷く。
さくら　「じゃ、そうしなさい」
風子　「寅さんに断らずに行っていいかしら」
さくら　「大丈夫よ、帰ってきたら話せばいいのよ」

㉝男はつらいよ　夜霧にむせぶ寅次郎

シリーズを通じてのマドンナのなかでも、風子のキャラクターは異色で、「フーテンの風子」と自己紹介する通り、寅に通じる「渡世人」的な精神性がみてとれる。それゆえの危なっかしさが他作品のマドンナとは違い、ここでもヤクザなバイク乗りのトニーの元に出かけようとする。

注目すべきは、さくらがそのすべてを理解しつつ（なぜならさくらはフーテンの寅の妹なのだから）、風子を信頼する姿勢を示していることだ。「男はつらいよ」には、こういった女性同士の連帯を示す場面が実は多い。

上役がグチグチ言うもんだから、頭にきて辞めちゃったの

若菜の部屋で写植機をみつけた寅。

寅　「ほー、何の仕事してんの？」

若菜　「印刷会社につとめているの。それは内職」

寅　「ああそう、俺の妹の亭主も印刷工だよ。もっとも、すぐつぶれそうなちっぽけな工場《こうば》だけどね」

若菜　「あら、そう」

寅　「なに、会社休み？」

若菜　「それがね、おばあちゃんの後始末でゴタゴタしてて一週間ほど余計に休

んじゃったの。有給休暇があるからかまわないって思ってたんだけど、他の人は誰も使ってませんなんて、上役がグチグチ言うもんだから、頭にきて辞めちゃったの。いいのどうせ、にらまれてるんだから」

寅　「で、これからどうするんだい？」

若菜　「当分は失業保険があるし、あとは、内職を探してやってくわ。何とでもなるわよ、食べるぐらい」

㉟男はつらいよ　寅次郎恋愛塾

これがひどい会社なんだってよ。何しろな、便所行ってる時間まで調べてるんだとさ

さくら　「その人、どうして辞めたの、前の会社？」

寅　「これがひどい会社なんだってよ。何しろな、便所行ってる時間まで調べてるんだとさ」

つね　「まあ、ひどい」
竜造　「女は損だなあ、いつまでたっても」
寅　「だから何とかしてやりてえんだよ。何不自由なく結婚が目当てのＯＬなんかじゃねえんだから。身寄り頼りがなく、たった一人でこの世の荒波を渡って行かなきゃならないんだから、あの若菜ちゃんは」

㉟男はつらいよ　寅次郎恋愛塾

若菜の元いた会社の劣悪な職場環境。本作は一九八五年公開だが、現在でも同じような問題がなくなっておらず、むしろ悪化しているのではないかと思われることに愕然とする。とらやの人々は若菜を通して、弱い立場の就労者や女性へのシンパシーを示している。

とはいえ同時に、最後の寅の「結婚が目当てのＯＬ」という発言には、女性の就労についての潜在的な偏見もまだうかがえ、ここに限らず寅や社長、その他の男性登場人物が古い性差観（これもまた現在まで根深く残っているのだが）にもとづく発言をすることは少なくない。しかし注目すべきは、そういった場面をよく見ると、男たちの不用意なセリフには大抵、さくらやマドンナたちがチェックを入れ、それを放置していない点だと思う。

ふと気がついてみると、私ももう若いとは言えない歳になってしまった

寅　「先生のような人でも、そんな寂しいなんて思うことあんのかねえ」

真知子　「そりゃありますよ」

寅　「やっぱりこういうとこで暮らしてると、たまには赤ちょうちんで焼鳥かなんか食いながら一杯ひっかけたいなって、そう思うんでしょう」

真知子　「私は女だから、そんなことはないけど」

寅　「はあ。じゃ、親兄弟に会いてえなとか、友達としゃべりてえなって、そう思うんでしょう?」

真知子　「そうね、それもあるけど――」

　真知子、返事に窮して立ち上がり、断崖の方へ目を向ける。

真知子　「何て言うのかな。『二十四の瞳』の女先生に憧れて、あんな風になりたいと思って、学校出てまっすぐこの島に来たの、十五年前。この島はまだ水

道もなくて、とても不便だったけど、でも子供や若者は大勢いたし、私はとっても大事にされて、そりゃ張り合いのある毎日だったのよ。ああでも、ふと気がついてみると、私ももう若いとは言えない歳になってしまった。この先どうなるのかしら。このままおばあちゃんになってしまうのかしら？　そんなこと思ったりするとね。男の人にはそういうことないかしら」

㊱男はつらいよ　柴又より愛をこめて

これも、〈働く女性〉が、社会制度や文化的慣習によって被ったある種の犠牲を示すセリフである。このあと真知子は、なくなった旧友の元夫と結婚することになる（114ページ）。作品中では明示されないが、真知子は結婚後も仕事を続けたのかどうなのか。

こういう時、親父は黙ってるもんだよ

父・順吉の反対を押し切って結婚したりん子だったが、離婚したことを告白する。

りん子「私ね、結婚に失敗しちゃったの」
悦子「別れたの？」
　　りん子、頷く。
悦子「いつ？」
りん子「三ケ月前。しばらく一人で暮らしてたの」
悦子「やっぱりね。会った時から何かあるんじゃないかなって思ってたよ」
　　気まずい沈黙の中、台所にいる船長の間抜けな歌声が聞こえる。
順吉「うるさい、歌なんか歌うな！」
寅「おじさん、八つ当りはよしな。みっともない」
順吉「あんな情けない男と一緒になるからだ。お前がバカなんだ」
悦子「先生、何てこと言うの。黙って聞いてあげなさい、りん子ちゃんの話」
順吉「黙ってろと言うのか」
悦子「こういう時、親父は黙ってるもんだよ」
順吉「何で俺がしゃべっちゃいかんのだ。娘が親の許しを得んでくだらん男と一緒になって、勝手に別れて帰って来て、それで俺に知らん顔してろって言うのか！」

りん子「ごめんなさい、謝ればいいんでしょ」

悦子「可哀想に、クソ親父。行こう」

りん子の肩を抱くようにして、悦子、隣室に連れて行く。

㊳男はつらいよ　知床慕情

昔気質で一方的な父親の態度に対し、悦子（淡路恵子）は即座にりん子（竹下景子）の側に立つ。ここでも女性同士の連帯が描かれる。そしてこの淡路恵子と竹下景子の関係性が、第41作「寅次郎心の旅路」においても役柄を違えて踏襲されており、日本を飛び出してウィーンで暮らす久美子（竹下景子）を、同地で長く暮らすマダム（淡路恵子）がサポートしている。

同じ職場で好きな人ができたんだけど、結婚したら会社やめなきゃいけないって言うの

ウィーンの現地ガイドの久美子とドナウ川を眺めている寅。

寅「何か訳があったのか。こんな遠い国へ来たのは」

久美子「ケンカしたの、私気が短いから」

寅「うん、誰と」

久美子「会社と。東京に出て大きな会社で働いてたの。日本人なら誰だって知ってる会社よ。嫌なことばっかりでね。同じ職場で好きな人ができたんだけど、結婚したら会社やめなきゃいけないって言うの。そんな規則ないのよ。でも習慣だからそうしてくれって。聞かない時には考えがあるって。陰険な言い方でおどかすの……。私絶対闘ってやろうと思ってたら、ある日、彼がお願いだからやめてくれって、自分の将来に差し支えるからって。悔しくて悔しくて私、みんなやめちゃったの、会社も彼も。そして、退職金と貯金持ってヨーロッパ来ちゃった。あてなんか何にもなかったんだけどね」

寅「――つらいことがあったんだろうな、今まで」

久美子「四年目から五年目がつらかった。それも冬。寒いのよ、冬は。町に出るのも人に会うのも嫌んなってね。何べんも死のうと思った」
寅「どうして帰らなかったんだい。飛行機代ぐらい親から工面できなかったのか」
久美子「悔しいじゃないの」
寅「何が」
久美子「ほら見ろ、偉そうな口きいたって、やっぱり女はダメなんだ、なんて言われるの」
寅「うーん、偉いもんだねえ」

㊶男はつらいよ　寅次郎心の旅路

ママを一人の女性として見ることができないのは、私の心に何か嫌らしい汚いものがあるからなのよ

泉　「ママに好きな人がいるの。それはいいのよ。パパに裏切られた可哀相な人なんだし、相手の人だって悪い人じゃないし。よかったら再婚すればいいの。それがママの幸せなら、私は祝福してあげなければいけないって、頭では思うんだけどね、心はそうじゃないの。嫌なの、不潔なの、汚らしいの、ママを見ていると」

寅　「少しも悪くねえじゃないか、ええ。泉ちゃんがお袋さんのことをそう思うのはあたりめえなんじゃねえのか」

泉　「ううん、そうじゃない、絶対違う。ママを一人の女性として見ることができないのは、私の心に何か嫌らしい汚いものがあるからなのよ。だから、私間違っているの」

寅　「うーん……、泉ちゃんは、偉いなあ」

泉　「どうして?」

寅　「俺はな、親父が酔っぱらって芸者に産ませた子供なんだよ。だから、さくらとは腹違いなんだ」

泉　「本当？」

寅　「ああ、酷いお袋でな、俺のこと産みっ放しでもって、逃げちゃった。俺は一生恨んでやろうと思ったよ。でも、泉ちゃんの話を聞いて、少し俺も反省したな。あんなババアでも一人の女性として見てやんなきゃいけねえんだなって。そうだ、腰巻きでも買って送ってやるか、あのクソババアに」

㊹男はつらいよ　寅次郎の告白

可愛いだの上品だの。そんな言い方は泉ちゃんに対する侮辱だよ

泉の就職活動がうまくいかないので、奨学金で看護学校に行くことを博が提案した。

さくら　「泉ちゃんが看護婦さん？　いいわねえ。素敵よ、きっと」

博　「白衣が似合うぞ。うっとりとしちゃうだろうな、男の患者なんか」

満男　「（憤然として）不真面目だよ。制服が似合うとか似合わないとか、そんな

ことはどうだっていいじゃないか。一人の人間がどのような職業を選べばいいかということを話し合っているんだぞ、今は。それに対して、ゆうべからそうじゃないか、可愛いだの上品だの。そんな言い方は泉ちゃんに対する侮辱だよ」

博　「そ、その通りだ。父さんの言い方が悪かった」

満男　「反省しろよ」

⑭男はつらいよ　寅次郎の告白

満男さんは恵まれた家に育ったからそんな風に言うけど、私は違うの。私が行くしかないの

母が手術をするので名古屋に帰るという泉を追いかけてきた満男。

満男　「治ったら、また東京戻ってくんだろ?」

泉、首を横に振る。

満男　「なぜ戻ってこれないの？」
泉　「そんな簡単には治らないのよ。それにママはね、結局私がそばにいなきゃダメな人なの。だから、私、名古屋で新しく仕事見つけて一緒に暮らす」
満男　「どうしてそんな……。それじゃ泉ちゃんはママの犠牲じゃないか。どうかしてるよ、君のお袋は」
泉　「満男さんは恵まれた家に育ったからそんな風に言うけど、私は違うの。私が行くしかないの。だって他に誰もいないんだもん」

㊺男はつらいよ　寅次郎の青春

幸せが来るのを待つなんて嫌。
第一、幸せが男の人だなんていう考え方も嫌い。幸せは自分で摑むの

理髪店を営む蝶子から、ドアの鐘を鳴らして入ってきた男客の話を聞いた泉。

泉　「ほら、お店のドアにチリンという鐘がついているでしょう」
満男「うん、あの鐘がどうかしたの？」
泉　「あの鐘がチリンと鳴って、ドアが開いて、いつか素敵な男の人が現れるのを待ってるんだって、あのおばさん」
満男「へえー、ロマンチックだな」
泉　「満男さんは、女の人にそんな風に待っていてほしい？」
満男「え？」
泉　「私は、そうは思わない」
　　満男、キョトンとしている。
泉　「幸せが来るのを待つなんて嫌。第一、幸せが男の人だなんていう考え方も嫌い。幸せは自分で摑むの。それがどんなものかはわからないけど、あ、これが幸せだっていうものを、私の手で摑むの。待つなんて嫌」
　　　　　　　　　　　　　　　㊺男はつらいよ　寅次郎の青春

シリーズ終盤、颯爽とこのシリーズに現れた後藤久美子演じる泉は、苦労の多い境遇に屈せず、毅然と生きる姿勢をスクリーンに刻みつけた。彼女の言動は、四半世紀後の私たちにも、多くの示唆を与えてくれる。「幸せが男の人だなんていう考え方も嫌い。幸せは自分で摑むの」という彼女の意志表明は、ともすれば寅や満男の、あるいはこのシリーズを素朴に楽しむ観客たちに冷や水を浴びせるようなセリフなのかもしれない。けれども、シリーズ最終盤にこの孤高な泉が登場したからこそ、「男はつらいよ」シリーズは現在においても色褪せず、繰り返しの上映や視聴にたえる。泉の存在があったからこそ「新作」の制作も可能だった、そう言っても決して言い過ぎではないと思う。

第５章

旅と渡世のこと

⑬「男はつらいよ　寅次郎恋やつれ」

旅暮らしの寅のこと、旅情や旅先の様子をめぐる素晴らしいセリフや場面もたくさんある。おもしろいのは、それらのセリフの多くが、旅先においてではなく、柴又に戻ったあと、さくらやくるまやの人々に向けて語られたものであることだ。つまり、旅先の風景や出来事を、寅が回想しながら家族に語って聞かせているのだ。

「男はつらいよ」にはいわゆる回想シーンがとても少ない。そこには、寅＝渥美清の語りのすばらしさもかかわっていると思う。言葉の選び方、調子、そして話の運び方。寅の語りを聴くだけで、私たちは映像や音声がなくても、画面のなかのさくらたちと一緒になって、旅先の景色や出来事を鮮やかに思い浮かべることができるのである。

そして同様に、旅先では故郷柴又のことが思い出され、懐かしく語られる。寅の語りもまるで寅自身のように、旅先と故郷とを往復することで紡がれるのだ。

一方で旅暮らしはそんなに楽ではない。舎弟の登や同業者に向ける言葉には渡世の苦労がにじんでいる。

それがいけねえのよ、一杯が二杯になり三杯になる

柴又に帰ってきたが、さくらの赤ん坊を見ただけで、すぐに旅立つと言い出す寅。

さくら「ね、ちょっと待って、今呼んでくるから、ね」

つね「ねえ、なにも遠慮なんかすることないんだよ。いいじゃないか一晩ぐらい泊まったって」

寅「頼むよ、もう止めねえでくれ」

竜造「うん、じゃな、とにかくね、奥で茶を一杯。それくらいならいいだろ」

寅「それがいけねえのよ、一杯が二杯になり三杯になる。団子が出るか、また茶を飲むか、そのうち酒になるじゃねえか。……俺は一杯や二杯じゃすまねえぜ、気がついた頃には、お銚子がずらっと並ぶんだ。さあ、もう腰が立たねえや、いっそのこと泊まっていくか……鴉カアと鳴いて朝になる。おはよう、またお茶を下さい、二杯になる、三杯になる、団子が出るか、酒を飲むよ、どうする。俺は旅に行けなくなるじゃねえか」

竜造「何もそこまで考えなくてもいいじゃねえかよ」
寅「頼むからよ、止めねえでくれ、俺を旅へ行かしてくれよ。おいちゃん、おばちゃん達者でな」

俺の故郷にな、ちょうどあんたと同じ年頃の妹がいるんだよ……

寅が宿代の二千円を貸した女が、ほかにお礼ができないからと服を脱ぎだす。

絹代「お金ば借りて、何もお礼ができんし……。子供がおるけん、電気ば、消してくださいっ」
寅「あんた……、そんな気持ちで、この俺に金を。そうだったのかい？」
絹代「……」
寅「俺の故郷にな、ちょうどあんたと同じ年頃の妹がいるんだよ……。もし、もしもだよ、その妹がゆきずりの旅の男に、たかだか二千円ぐれえの宿賃でよ、その男がもし、妹の身体を何とかしてえなんて気持ちを起こしたとしたら、俺はその男を殺すよ」
絹代　「……」
寅　「五島とかいうあんたの故郷で待ってるお父ッつあんだって、俺と同じ気持ちだよ……。それに決まってらあな」

⑥男はつらいよ　純情篇

何だか急に悲しくなっちゃって
涙が出そうになる時ってないかい？

前の晩、同じ夜行列車で初めて出会ったリリーと波止場で身の上話をする寅。

寅　「何かつらいことでもあるのか」
リリー　「ううん、別に。ただ何となく泣いちゃったの」
寅　「何となく？」

リリー「兄さんなんか、そんなことないかな。夜汽車に乗ってさ、外見てるだろう。そうするとなんにもない真っ暗な畑の中なんかに、ひとつポツンと灯りがついてて、ああ、こういうところにも人が住んでるんだろうなあ、そう思ったら、何だか急に悲しくなっちゃって涙が出そうになる時ってないかい？」

寅「うん、こんな小っちゃな灯りが遠くの方へスーッと遠ざかって行ってな……。あの灯りの下は茶の間かな。もう遅いから子供達は寝ちまって、父ちゃんと母ちゃんが二人でしけたセンベイでも食いながら、紡績工場《こうば》に働きにいった娘のことを話しているんだ、心配して……。で、暗い外を見てそんなことを考えていると、汽笛がボーッと聞こえてよ。なんだかふーっと涙が出ちまうなんて、そんなことはあるなあ……。わかるよ」

⑪男はつらいよ　寅次郎忘れな草

遠く灯りがポツンポツン……。

ああ、あんな所にも人が暮らしているか……

旅先から柴又に戻り、さくら、博、竜造、つねを前に話している寅。

寅　「言ってみりゃ、リリーも俺と同じ旅人さ。見知らぬ土地を旅してる間にゃ、それは人には言えねえ苦労もあるよ……。例えば、夜汽車の中、少しばかりの客もみんな寝ちまって、なぜか俺一人だけいつまでたっても寝られねえ。真暗な窓ガラスにホッペタくっつけてじっと外を見ているとね、遠く灯りがポツンポツン……。ああ、あんな所にも人が暮らしているか……。汽車の汽笛がボーッ、ピーッ。そんな時、そんな時よ、ただもう訳もなく悲しくなって、涙がポロポロポロポロこぼれてきやがるのよ。なあ、おいちゃんだって、そんなことってあるだろう」

竜造　「うん、煤がよく眼に飛びこんでくるからな。しかし近頃はたいがい電気機関車だろう？」

寅　「黙ってろよ、もう、おいちゃん。今はそんな程度の低い話をしてる時じゃないだろう。ええ、おい、博」

博　「ええ、わかります。特に北海道で夜汽車なんかに乗ってると、そんな気持ちになりますね」

寅　「そうだよ。ほら、大の男にしてこうなんだよ、なあ。リリーは女だよ。女の一人旅がどんなにつらいものか、おばちゃんこれはわかるだろう」

つね　「そうだねえ。第一ねえ、御不浄に困っちゃうんだよ、女は。男だったらさ、いよいよとなれば……」

寅　「あー嫌だ、嫌だ。これだから苦労をしてない人間と話をするのは嫌なんだよ、ええっ。リリーという女がどんなにつらい暮らしをしているか、つまり、おばちゃんのような中流家庭の婦人にはわからないの」

⑪男はつらいよ　寅次郎忘れな草

いま、幸せかい？

旅先の津和野で寅は偶然にも歌子に再会したが、彼女は夫を病で亡くしていた。

歌子　「これから山口へ行って、それから、どこへ？」

寅　「うん、まあ、山陽路から、広島、呉、三原、尾道、それからとって返して、下関、小倉、博多、唐津……」

歌子　「いいわねえ。私もそんな旅したいなあ」

寅　「歌子ちゃん」

歌子　「え？」

寅　「いま、幸せかい？」

歌子　「ええ……」

寅　「何か困ったことないかね」

歌子　「……いいえ」

寅　「もし何かあったら葛飾柴又のとらやに訪ねてきな。悪いようにはしないから」

⑬男はつらいよ　寅次郎恋やつれ

夫をなくしたと聞いたあとでの「いま、幸せかい?」という寅の問いは、一見不躾で無神経にも映りかねない。けれども、自分も恵まれた境遇でなかった寅のことである。歌子の置かれた不幸な現状への想像はついているはずで、この問いは反語的に、つまり「(いや、そんなわけないだろうけれど)」という含意があると読むべきだ。そして「もし何かあったら葛飾柴又のとらやに訪ねてきな」という言葉で、寅の唯一の、なけなしの拠り所である故郷が、やさしく分け与えられる。

冗談言っちゃいけないよ、正月はこっちの稼ぎ時だい

さくら「もうすぐお正月よ」
寅「うーん」
さくら「ねえ、たまにはうちにいない? みんなで集ってお雑煮食べて、ね」
寅「冗談言っちゃいけないよ、正月はこっちの稼ぎ時だい。俺な、今年は新潟の弥彦に行ってみようと思うんだ、人が出るぞ。金なんか、じゃんじゃ

ん儲かっちゃってよ。腹巻きなんか、こんなになっちゃうよ。今年は不景気だから、とりわけ人が出らあ。でもよ、不景気だから金が儲かるなんて言ってたら、裏の社長にしかられるか。――じゃ、行くぜ。あ、藤子さんによろしく言ってくれよ、なんだか寝てるようだから挨拶しないで来ちゃった、なっ」

さくら「何と言えばいいの、藤子さんに」

寅「まあ、なんか適当に言っといてくれよ、なっ」

⑳男はつらいよ　寅次郎頑張れ！

俺は暇だったらな、もう腐るほど持ってんだから、
持ってねえのは金だけだい

寅「船長、どこ行くんだい、この船は」

漁夫「わしは佐渡に戻るっちゃ」

寅　「佐渡に行くの？　じゃ、俺乗せてってくれ、頼む、なっ」
漁夫　「そりゃいいども、こげな船に乗っと時間かかっど」
寅　「ああ、そりゃかまわねえよ。俺は暇だったらな、もう腐るほど持ってんだから、持ってねえのは金だけだい。よし、そうと決まったら渡りに舟だ。へへっ、これで行こうっと」

㉛男はつらいよ　旅と女と寅次郎

いい歳こいて渡世人稼業をやってんのは俺みてえなバカばっかりだ

旅館に泊まっている寅の部屋に風子が訪ねてきて。

寅　「俺には七つ八つ歳下の妹がいてな、さくらって言うんだけどもな。今から十年、十五年前か、そいつには意見されたよ。こんな暮らしを続けてたらそのうちきっとお兄ちゃん後悔するわよって。何しろこっちは若えからね。真面目に働いているやつは全部バカに見えてしょうがねえ。大きなお世話だ、お前、こちとら太く短く生きるんだい。相手にもしなかったけどな。ふと気がついてみると、気のきいた仲間はみんな足を洗って、ほどほどの女と世帯を持って堅気の暮らし。フッ、いい歳こいて渡世人稼業をやってんのは俺みてえなバカばっかりだ」

風子　「でも、私はまだ若いんだからいろんなこと経験したっていいじゃない」

寅　「こんなつまんないことを経験して、何になるんだよ、ええ？　ましてお前、女じゃねえか、そうだろう。風子ちゃんよ、悪いことは言わねえ、なっ。お前この町で一生懸命働いてな、真面目で正直な男をつかまえて世帯持て。そりゃ長い間には多少退屈なこともあるだろうよ。でもな、五年、十年たって、ああ、あん時寅さんの言ってたことはやっぱり本当だったんだ——きっと思いあたる時があるよ、なっ」

㉝男はつらいよ　夜霧にむせぶ寅次郎

ここで寅が語っているのは第5作（51ページ）のさくらの言葉のことだろう。

楽しかったんだよ、寅さんと旅した何日か。
またああいうことないかなあ

二階の満男の部屋に来て、お年玉を渡すあけみ。

満男　「何見てんの？」
あけみ　「空。寅さんどうしてるかしら。楽しかったんだよ、寅さんと旅した何日か。またああいうことないかなあ」
さくら　「（階下から）あけみちゃん、下りて来ない？」
あけみ　「はーい」
あけみ、窓を開けて空を見まわす。
あけみ　「本当にどこにいんのかなあ？　寅さん」

㊱男はつらいよ　柴又より愛をこめて

さて、どっちのほう行ったらいいかなぁ

車掌「乗車券お持ちでない方いらっしゃいませんか？」

　寅、〝ハイ〟と手を上げる。

車掌「はい、どちらまでいらっしゃいますか」

寅「さて、どっちのほう行ったらいいかなぁ」

車掌「え？」

寅「疲れがすうっと抜けるような温泉でさ、かみさんがやさしくって、酒がうまくて、どっかこの辺にそんな気の利いた温泉ねえかい」

車掌「そういうとこがあったら、休み取って私も行きてえなあ。ストレスが多いから、この仕事も」

㊶男はつらいよ　寅次郎心の旅路

その海をずうっと行くと、俺の故郷の江戸川へつながるわけだ

ドナウ川の渡し場で現地ガイドの久美子と語らう寅。

久美子「何が釣れるのって聞いたら、サカナ、だって。ウフフッ」

寅「ああ、どこの川の流れも同じだなあ。流れ流れて、どこかの海に注ぐんだろう」

久美子「黒海という海にね」

寅「ああ。その海をずうっと行くと、俺の故郷の江戸川へつながるわけだ」

㊶男はつらいよ　寅次郎心の旅路

旅というものはな、行き先を決めてから出かけるもんじゃねえんだよ

就職活動がうまくいかず旅に出た満男から小包が届いたが、香川県の琴島からだった。

竜造　「友だちがいるんじゃないのか、その島出身の」
さくら　「聞いたことないけど、四国の友だちなんて」
竜造　「それとも、前に行ったことがあるとか」
博　「いや、行ったことないはずです」
さくら　「お兄ちゃん、何か聞いていない？　満男の口から」
寅　「旅というものはな、行き先を決めてから出かけるもんじゃねえんだよ」
社長　「ほう」
寅　「汽車の窓からのんびり外を見ている。穏やかな瀬戸内海、緑の島。ああ、行ってみたいなあ。傷ついた満男は、ふらり駅に下りる。ポンポンポンポンポンポンポンポンポンポンッ」
さくら　「何？」
寅　「連絡船。島の人は親切だ。宿なんかなくたってかまわない。『よかったらうちへ泊まりいな。部屋は空いとるけえ』東京の人が来たというんで、みんな集まって酒盛りだ。一晩が二晩、一週間、二週間は夢のうちだよ」

そんなことをしているうちに
どんどんどんどん年月が経っちゃうと、こういうわけだ

奄美大島で十年ぶりにリリーと再会し、一緒に柴又に帰ってきた寅。

博「それが七月の初めでしょう。それからズルズルと三ケ月も居候してたんですか、兄さん」

寅「いや、俺はその日のうちにも帰ろうと思ったよ。何しろリリーは独り身だからな。もし変な噂が立っちゃいけないと俺は思って。だけどリリー、お前何か言ったんだよな？」

リリー「『今夜は海が荒れてるからおよしなさい。もし万一のことがあったら、さくらさんたちが悲しむわよ』」

寅「うん、一夜が明ける。明日になる。村の代表っていうのがやってきてね、

『今夜はあなたの歓迎会がやりたい』、これが賑やかな宴会だ。口の中がカーッと熱くなるような焼酎を差しつ差されつしているうちに意識不明だよ。一夜が明ける。明日になる。今度は、こっちがお返ししなきゃならない。そんなことをしているうちにどんどんどんどん年月が経っちゃうと、こういうわけだ」

㊽男はつらいよ　寅次郎紅の花

あってもなくても、どうでもいいみたいな。つまりさ、あぶくみたいなもんだね

リリー「ねえ、あたしたちみたいな生活ってさ、普通の人とは違うのよね。それもいい方に違うんじゃなくて、なんていうのかな、あってもなくても、どうでもいいみたいな。つまりさ、あぶくみたいなもんだね」

寅「うん、あぶくだよ。それも上等なあぶくじゃねえやな。風呂の中でこいた屁じゃねえけども、背中の方へ回ってパチンだ」

⑪男はつらいよ　寅次郎忘れな草

海ってのはいくら見ても見あきねえからなあ

久し振りに帰って来た寅が、島根は温泉津《ゆのつ》の旅館で働いていたと話し出す。

寅　「あー、今日一日もいいお天気でありますように。新鮮な空気を胸一杯にスーッと深く吸ったとき、下から女中さんの声が聞こえる。——『番頭さん、朝御飯ですよ』——」

竜造　「何だい、お前、番頭やってたのか」

寅　「そうだよ。——『はい、すぐ行くよ』そう答えておいて、ポンポンポンッと蒲団をたたむ。トントントントントントンッ階段を降りて、ガラッ、湯殿の戸を開けてザブーッと朝風呂に入る。身も心もさっぱりしたところで朝御飯ですよ。さっきまで生きていたイカの刺身。ね、こんな丼に山盛りだ。

生姜をパラッとかけて醬油をツルツルッとたらし、一気にパーッと食っちまう。あとは鰺のタタキに、新鮮な卵、これで朝御飯をたっぷりいただいて、さあ、仕事ですよ、ねえ。――女将の労りの声。『御苦労さんだね、番頭さん』、リウマチばばあの声をあとにして、先ず土間をパッパッパッと掃いちゃう。打水をサッとして、表の道路まで出てスッと水をまく。そこへ近所の女がスッと通りかかる。『お、お絹ちゃん、これからお出かけかい』『ええ、そうよ』『そうかい』『気をつけてな、怪我をしないように』『はい、どうもありがとう』『じゃ、いっといで』『いってきます』――そんなところで、午前中が終わるかな」

社長「で、午後はどうなる?」

寅「うーん、午後はまあ、海岸の散歩かね、うん。海ってのはいくら見ても見あきねえからなあ、さくら」

⑬男はつらいよ　寅次郎恋やつれ

寅の小気味良い語り。読むだけでもリズムがとれる天才的な調子で、複数の声を滑らかに織り交ぜながらとんとんと紡がれる描写。聴く者の頭に鮮やかに場面が浮かぶ。寅（渥美清）のルーツである啖呵売《たんかばい》の文句が落語や講談に確かにつながっていることがよくわかる。

抜けるような白い肌。それがうれしい時なんかパアッとサクラ色に染るんだよ

寅「抜けるような白い肌。それがうれしい時なんかパアッとサクラ色に染るんだよ。悲しい時はすき透るような蒼白い色。黒いほつれ毛が二筋三筋。黒い瞳に涙を一杯ためて『寅さん、うち、あんたの膝で泣いてもええ』――ハーッ、可哀想だったなあ、あん時のおふみさんは……」

㉗男はつらいよ　浪花の恋の寅次郎

恋愛を主題としながらも、直接的な色気、つまり「エロさ」を慎重に迂回するのが「男はつらいよ」の、そして車寅次郎の一貫した姿勢と言っていいと思うのだが、こうして文字で読むとこの寅の語りは珍しく艶っぽいニュアンスがやや強い。もっとも実際に映画を観ていると、ごく自然に聞こえる。マドンナの松坂慶子は大阪の芸者役を演じているのだが、たしかにいくらか強調気味のセリフでもちょうどいいくらいの華やかさだ。

他の人にはなくってね、伯父さんにありあまるもの、それは暇だよ

仕事が忙しくて運動会に来られない博の代わりに寅が応援に来るとなって、困る満男。

満男　「伯父さん」
寅　「なんだ？」
満男　「あの……明日、忙しいんじゃないの？」
寅　「安心しな、他の人にはなくってね、伯父さんにありあまるもの、それは暇だよ」
満男　「えっと、でも、退屈だよ。大人の人には子供の運動会なんて」
寅　「満男、俺大好き、子供の運動会」

㉛男はつらいよ　旅と女と寅次郎

いいか、お前と俺が兄弟分だったのは昔のことだ

盛岡で堅気の暮らしをする、かつての舎弟・登の家を訪ねた寅。

寅　「おかみさん、酒なんか買うことねえよ」

登　「何言ってんだよ。兄貴、今日はとことん飲もうや、なっ。ママ、店閉めろ」

寅　「おかみさん、そんなことしちゃいけねえ。俺はごちそう食いに来たんじゃねえんだから」

登　「兄貴、そんなよそよそしい口きくなよ」

寅　「登、ちょっと来い」

登　「何だよ」

寅　「いいか、お前と俺が兄弟分だったのは昔のことだ。今はお前は堅気の商人《あきんど》だぞ、俺は股旅ガラスの渡世人だ。俺がお前の家を訪ねてきても、

「私は今、堅気の身分です。あんたとは口をききたくありませんから帰ってください』――お前にそう言われても、俺はそうですか、すいませんでした、そう言って引き取らなきゃならねえんだぞ。それを何だお前、酒を買えの、肴を買えの、店を閉めろのと。そんな気持ちでもってこれから長い間堅気の商売ができるか。――ほら、お客さんだ。お前の顔見たから、もう俺はそれでいいんだ。先帰らあ、なっ」

㉝男はつらいよ　夜霧にむせぶ寅次郎

初期の作品ではレギュラーだった登との久しぶりの再会。一聴冷たい言葉は兄貴としての面子もあるかもしれないが、「堅気」と「渡世人」とを寅自身がはっきり線引きして自分を卑下する珍しい場面。

ずばり言わしてもらうぜ。手え引いてもらいてえんだ

サーカスのバイク乗りのトニーを呼び出した寅。

寅　「用件は、わかってるだろうな？」
トニー「ええ」
寅　「ずばり言わしてもらうぜ。手え引いてもらいてえんだ」
トニー「女のことで他人《ひと》に指図なんかされたかねえな」
寅　「お互いに渡世人同士じゃねえか。こっちの気持ちもわかるだろう。あの娘は苦労して育ったからな。どこか無理してるところがある。ヤクザな女に見えるけども、本当はそうじゃねえ。まともな娘だ。世帯を持って子供生んで幸せになれる娘だ。そう思わねえかい」
トニー「二十歳の若造じゃありませんからね。それくらいのことはわかってますよ。だけどね、東京についてくるって言ったのは、あの娘の方なんですよ」
寅　「だからこうして頭を下げて頼んでるじゃねえか。頼む、この通りだ」
トニー「兄《あに》さん」
寅　「何だ？」

トニー「見かけによらず純情ですねえ。じゃ、ごめんなさい」

㉝男はつらいよ　夜霧にむせぶ寅次郎

恋敵が自分と同じ渡世人、という展開に寅の調子もハードボイルドである。とはいえ映像では外見はいつもの通り腹巻きに雪駄履きなので、冷静に考えるとちょっと間抜けなのだが、この場面の渥美清の表情にはその無理筋を綱渡りするような凄味があるので観てみてほしい。

たった一度の人生を、どうしてそう粗末にしちまうんだ

寅がテキ屋仲間・政吉の位牌の前に酒を置く。便所から息子の秀吉が出てくる。

寅「小便したか?」

頷く秀吉。

寅「じゃ、寝ろ」

寅、割り箸で位牌の前の茶碗をチーンと叩く。

寅「釋善政《しゃくぜんまさ》か。へっ、何が善だよ、悪いことばっかりしやがって。どうせ今頃は地獄の針の山かなんかでもって、ケツかなんか刺されて、イテテなんて言ってんだろう」

不思議そうに寅の姿を見ている秀吉。

寅　「どんな人間でも取柄があって、悲しまれ、惜しまれ、死ぬんだよ。お前が死んだ時悲しんだのはサラ金の取り立て人だけだったって言うじゃねえか、ったくな、情けねえなあ。たった一度の人生を、どうしてそう粗末にしちまうんだ。お前は何のため生きてきたんだ。――何？　手前のこと棚にあげてる？　当たり前じゃねえか、そうしなきゃこんなこと言えるか。まったくなあ、坊主」

㊴男はつらいよ　寅次郎物語

第６章

みんなが語る寅さん

㊵「男はつらいよ　寅次郎サラダ記念日」

愛すべき男・車寅次郎の魅力が伝わるのは、寅自身が発した言葉だけではない。ここでは、作品中でいろいろなひとが口にした寅についての言葉を集めた。寅と出会い、寅を知ったひとたちが語る言葉にこそ、寅の人柄や魅力がよく表れている。

たとえばくるまやの面々。散々迷惑をかけられ続けて、けれどもそれでもどこか憎みきれない寅を思って発された優しい言葉には、彼らの揺らがぬ愛着がみてとれる。たとえば歴代のマドンナたち。寅の恋慕に応えることはなかった彼女たちの語る言葉を見れば、友達のように慕われ、兄のように頼られ、あるいは「故郷《こきょう》のかたまりみたい」、と評された寅の人柄が浮かび上がってくる。

車寅次郎というひとは、善人でもなければ人格者でもない。欠点も問題も人並み以上にあるけれど、ひとに懐かれる特別な才能の持ち主なのだ。

第48作の最後にリリーが手紙に書いた言葉こそ、寅の人柄を過不足なく言い表していると思う。

いると厄介だけれど、いないと寂しい。

そんなひと、この世の中になかなかいない。だからみんな、寅さんが帰ってくるのを心のどこかで待っていたのだ。

寅ちゃんとなら一緒に暮らしてもいいって、今ふとそう思ったんだけど

幼なじみの千代から思いがけず恋心を告げられた寅。

千代「私ね、寅ちゃんと一緒にいると、なんだか気持ちがほっとするの。寅ちゃんと話していると、ああ私は生きてるんだなって、そんな楽しい気持ちになるの。寅ちゃんとなら一緒に暮らしてもいいって、今ふとそう思ったんだけど」

寅「ジョ……、冗談じゃないよ。そんなこと言われたら、誰だってびっくりしちゃうよ、ハハハ……」

千代「冗談じゃないわ」

寅「……（後ずさりして、よろめく）」

千代「嘘よ、やっぱり冗談よ」

寅　「（ホッとして）そうだろ、冗談に決まってるよ、ハア……」

⑩男はつらいよ　寅次郎夢枕

寂しなるなあ。あの男がおらんようになると

大阪で寅がいつも泊まる宿の主人・喜介との会話。

喜介「もうお別れか」

寅「うん、世話になったなあ。ああ、勘定の残りは必ず送るからな」

喜介「大阪に来たらまた顔出してや」

寅「母ちゃんと仲良くやれよ」

見送っていた喜介、ふと溜息をつく。

喜介「はあーっ、寂しなるなあ。あの男がおらんようになると」

㉗男はつらいよ　浪花の恋の寅次郎

亭主の兄弟分という人にずいぶん会ったけど、いませんよ、寅さんみたいな人

テキ屋仲間・常三郎の妻である光枝が柴又を訪ねてきて。

光枝「いい人ですねえ、寅さんて」
竜造「ま、嘘がつけないというか、単純というか、それだけのことですよ」
光枝「亭主の兄弟分という人にずいぶん会ったけど、いませんよ、寅さんみたいな人。中には嫌な人もいたりしてね」

㉘男はつらいよ　寅次郎紙風船

いいねえ、寅さんはみんなにやさしくしてもらって

柴又に帰って来るなり、寅がバッタリと寝込んでしまった。

つね「さくらちゃん、できたよ、寅ちゃんの注文の御飯」

さくら「すいません、わがままばっかり言って」

つね「これでいいんだろ。フキの煮つけと白身のお魚と大根おろしと梅干し」

社長「失恋のメニューか、なるほどね」

満男「お母さん、お客さんお勘定だって」

さくら「あっ、じゃ、満男、これ伯父さんに持ってってちょうだい。病気なんだから、伯父さん、具合いかがですかって言うのよ」

社長「いいねえ、寅さんはみんなにやさしくしてもらって」

㉙男はつらいよ　寅次郎あじさいの恋

私が会いたいなあと思うてた寅さんは、もっと優しくて、楽しくて、風に吹かれるタンポポの種みたい

かがり「寅さんに会うたら、話したいことが山ほどあると思うたんやけど、いざ会うてみたら何にも話されへん」

寅　「悪かったな。もしよかったら、あいつだけ一人先に帰しても、いいんだけども」
かがり「そんなことやないの。今日の寅さん、なんか違う人みたいやから」
寅　「そうかなあ、俺は、いつもと同じつもりだけども」
かがり「私が会いたいなあと思うてた寅さんは、もっと優しくて、楽しくて、風に吹かれるタンポポの種みたいに、自由で気ままで——せやけど、あれは、旅先の寅さんやったんやね。今は家にいるんやもんね。あんな優しい人たちに、大事にされて」

㉙男はつらいよ　寅次郎あじさいの恋

付け文をされてかがりと鎌倉で待ち合わせたものの、怖気づいて満男を一緒に連れてきた寅に、かがりはがっかりしている。旅先の寅と家にいる寅は違う、というかがりの評言は正しいが、この日の寅が「違う人みたい」なのは、かがりの寅への思いに寅が気づいているためだ。いしだあゆみ演じるかがりは、シリーズ中で最も「積極的」なマドンナだと思う。

お父さんの小難しいお説教よりよっぽどためになる言うてな、
ぼっけえ評判じゃったが

二日酔いで法事に行けない住職の代わりを寅が見事につとめて評判となる。

朋子「お帰りなさい」

大阪屋「いやいや、お陰さんで、ええ法事させてもろたわ。この納所《なっしょ》さんの法話のありがたいこと」

朋子「ほんま?」

大阪屋「悪いけどあんたのお父さんの小難しいお説教よりよっぽどためになる言うてな、ぼっけえ評判じゃったが。御布施はずんでおいたからな」

㉜男はつらいよ　口笛を吹く寅次郎

僕たちは、兄さんのことを頭からダメな人間だと、

決めつけてしまっているんじゃないでしょうか

竜造　「そんなバカな、あの役たたずが評判がいいだなんて」
博　「いや、そのことなんですけどね、僕たちは、兄さんのことを頭からダメな人間だと、決めつけてしまっているんじゃないでしょうか。可能性を見つけてやるということが本当の愛情なんですよ」
社長　「その通りだよ」
つね　「私たちは寅ちゃんの教育に失敗したのかねえ」
竜造　「遅いよ、今さら後悔したって」

㉜男はつらいよ　口笛を吹く寅次郎

くさくさした時あいつの顔思い出すと、何となく気が晴れるもんなあ

竜造　「うーん、そうだなあ、くさくさした時あいつの顔思い出すと、何となく気が晴れるもんなあ」

私、人妻になって初めて寅さんの魅力わかったんだもん

寅が恋愛指南をした民夫と若菜の恋の行方について話す寅とあけみ。

あけみ　「ねえ、今頃その二人、何してんだろうね」
寅　「夜の公園散歩して、『あっ、雨が降って来た。ぼちぼち帰ろうか』なんて言ってんじゃねえかなあ。チッ、二人同じアパート一緒に帰って、ああ嫌んなってきたな、あーあ」
あけみ　「寅さん可哀想。私、今のつまんない亭主と別れて一緒になってあげようか？」
つね　「何て娘だろう、悪い冗談言って」
社長　「亭主が出張中だからと言って、そんなふしだらなことを言うやつがいる

か！」
あけみ「本当よ。私、人妻になって初めて寅さんの魅力わかったんだもん」
竜造「バカなこと言うんじゃないよ」
あけみ「いいじゃない？」
寅「あけみ、お前のそのやさしい気持ちは本当にうれしいよ。だけどな、これはお前、出来ない相談だよ」
あけみ「どうして？」
寅「だってさ、お前と俺と一緒になったら、このタコのこと、お父さんって言わなきゃならないだろう。俺、それ嫌。俺、死んでも嫌、それ」
あけみ「アハハハッ」

㉟男はつらいよ　寅次郎恋愛塾

首すじのあたりがね、どこか涼しげなの。
生活の垢がついていないって言うのかしら

真知子「寅さん、もしかしたら独身じゃない？」
寅「エッヘッヘッ、まあ、お恥ずかしながら」
真知子「やっぱり」
寅「あっ、そういうのってわかるんですか？」
真知子「首すじのあたりがね、どこか涼しげなの。生活の垢がついていないって言うのかしら」
寅「あの、それはやっぱり、あのネクタイをしてないせいじゃないでしょうか。私ダボシャツだから、ね。あれ、どうも苦しくって、やっぱりあの、サラリーマンなんてのは、向いてないんじゃないでしょうか」

㊱男はつらいよ　柴又より愛をこめて

真知子によるさりげなくも美しい評言。「独身者としての寅」を言い表した言葉は意外にほかにないように思う。

今回場面を選ぶに当たって全作の台本を読み直していたとき、この「柴又より愛をこめて」の真知子の言葉にはハッとするものが多かった。映像で観た時にはさりげなく聞こえていた言葉が、読むと心に留まって印象深く残る。読むだけでは味わいきれない良さももちろんたくさんあるが、読むことで新たな魅力に気づけることもある。

かわいらしい少年に見えたり、かと思うと、うんと歳上の頼もしいお兄さんみたいに見えたり

真知子「不思議ねえ、寅さんて」
寅「え、何が？」
真知子「ほら、桟橋で初めてお会いした時、本当に若者に見えたのよ」
竜造「知能程度が低いからでしょう」

真知子「そうじゃないんですよ。それがね、どうかすると、かわいらしい少年に見えたり、かと思うと、うんと歳上の頼もしいお兄さんみたいに見えたり」

㊱男はつらいよ　柴又より愛をこめて

人生にはもっと楽しいことがあるんじゃないかなって思わせてくれる人なんですよ

りん子「でもね、知床という土地は夏には昆布、秋は秋あじ、冬はスケソウダラ——季節季節にいろいろな人が全国から仕事をしにくるから、他所の人が一ケ月や二ケ月滞在していても、ちっとも不思議じゃないんですよ」

さくら「へえ」

りん子「いいえ、寅さんて、もともとそういう疑問を人に抱かせない人なんです。つい昨日会ったばかりなのに、ずっと昔から一緒にいる人のような」

博「慣れ慣れしいからな、兄さん」

りん子「自由なんですよ、考え方が。みんな言ってますよ、寅さんとしゃべって
いるとあくせく働くのが嫌になるって」
つね「そういう悪影響を他人に与えるんですよ、あの男は」
りん子「いえ、そうじゃないんです。寅さんは、あの……人生にはもっと楽しい
ことがあるんじゃないかなって思わせてくれる人なんですよ」
博「へえ、やさしい見方ですね」

㊳男はつらいよ　知床慕情

寅さんと話してるとね、何て言うのかな、
私が一人の女だということを思い出すの

柴又駅で真知子を見送る寅。

真知子「はーっ、寅さんといると、どうしてこんなに楽しいのかしら」
寅「へへッ、いつもバカなことばっかり言ってるから。俺、さくらにしょっ

ちゅう怒られてんだよ」

真知子「あ、そうじゃないのよ。寅さんと話してるとね、何て言うのかな、私が一人の女だということを思い出すの」

⑩男はつらいよ　寅次郎サラダ記念日

近頃は金儲けしか考えん人間が、この門前町にも増えてきましたから、寅のような無欲な男と話してると、むしろホッといたします

さくら「ああ、すっかり秋ですねえ、御前様」

御前様「そうそう、昨日寅が来て、久し振りに歓談しました」

さくら「あら、どうせバカなことばっかり言ってたんでしょうねえ」

御前様「いやいや、近頃は金儲けしか考えん人間が、この門前町にも増えてきましたから、寅のような無欲な男と話してると、むしろホッといたします。うん、あれはあのままでいい」

さくら「ありがとうございます。そんな風におっしゃっていただくと、少しは安心いたします。それじゃ、私これで」

御前様「帰りますか」

さくら「はい。どうもごめん下さいませ」

さくらの後姿を見送りながら、御前様、つぶやく。

御前様「ほめたつもりじゃないんだが。——困ったな」

⑩男はつらいよ　寅次郎サラダ記念日

つまり、僕はあなたのそばにいるだけで、リラックスできるんです

自殺をはかった兵馬を助けて一緒に旅館に泊った寅。

寅「どうだい、気分は」

兵馬「お陰様で。こんなにゆっくり眠れたのは、何年振りでしょうか」

寅「ああ、そりゃよかったなあ。温泉が効いたんだよ」

兵馬　「あっ、いいえ、あなたのお陰です。つまり、僕はあなたのそばにいるだけで、リラックスできるんです」
寅　「ダラックスって？　なに、そのダラックスって」
兵馬　「固くちぢこまった心が柔らかくとけていくとでも言うか」
寅　「ああー、とけちゃうの」

㊶男はつらいよ　寅次郎心の旅路

故郷のかたまりみたい

ドナウ川のほとりで「大利根月夜」を歌う寅。

寅　「ハハハハッ、なんだかこの歌、ここにちょっと合わないね」
久美子　「そうね」
寅　「ねえ」
久美子　「『美しき青きドナウ』じゃなきゃね」

寅　「ああ、そうだね」
久美子「寅さんて、不思議な人ね」
寅　「不思議？　あ、そうかね。俺はとても常識的な人間だと思ってるけどね」
久美子「故郷《こきょう》のかたまりみたい」
寅　「へーえ」
久美子「寅さんに会った日の晩、故郷の夢見ちゃったの」
寅　「ほう」
久美子「私がトランクをガラガラ引張って田舎の家に帰るのね。玄関開けてただいまって言うと、長い廊下の向こうから去年死んだおばあちゃんが、腰かがめて泳ぐような手付きで出てきてね。久美子、よう帰ったねって言うの。私を一番可愛がってくれて、家飛び出す時にこの指輪くれてね、困った時はこれを売るんだよって言ってくれたおばあちゃんなの。私ね、おばあちゃん、帰ってきたよ、帰ってきたよって言って、おんおん泣くのね」

㊶男はつらいよ　寅次郎心の旅路

そりゃね、普通の伯父さんのことだよ。
寅ちゃんはね、普通じゃないんだよ、悪いけど

さくらに浪人中の満男の相談に乗ってくれと頼まれ、寅が満男を食事に連れ出す。

竜造「おい、俺知らないぞ」
さくら「何が?」
竜造「満男は今、一生懸命勉強しなきゃいけない時だろう。いいのか、寅なんかに付き合わして」
つね「あの男の教えることなんかね、お酒の飲み方ぐらいのもんだよ」
博「でも、たまには伯父さん相手に気晴らししたいでしょう」
つね「そりゃね、普通の伯父さんのことだよ。寅ちゃんはね、普通じゃないんだよ、悪いけど」

㊷男はつらいよ　ぼくの伯父さん

あなたにとっては困ったお兄さんかもしれんが、満男君にとっては頼りがいのある伯父さんなんじゃないんですか

御前様　「そうですか、寅に連れられて、帰ってきましたか、満男君は。そりゃあ、よかった」

さくら　「不思議でしょうがないんですよ。夜遅く二人で帰ってきましてね。兄が、『大学生なんだから、明日から真面目に学校へ行かなきゃダメだぞ』と言ったら、『はーい』なんて返事して、本当に翌日から学校に行ってるんですよ。私たちの言うことなんか何も聞かないのに、どういうんでしょうねえ」

御前様　「あなたにとっては困ったお兄さんかもしれんが、満男君にとっては頼りがいのある伯父さんなんじゃないんですか、寅は」

さくら　「そうでしょうか」

御前様　「そういうもんですよ」

あの伯父さんはね、手の届かない女の人には夢中になるんだけど、その人が伯父さんのことを好きになると、慌てて逃げ出すんだよ

満男　「あの伯父さんはね、手の届かない女の人には夢中になるんだけど、その人が伯父さんのことを好きになると、慌てて逃げ出すんだよ。もう今までなんべんもそんなことがあって、その度に俺のお袋泣いてたよ。バカねえ、お兄ちゃんは、なんて言って」

泉　「どうしてなの？　どうして逃げ出すの？」

満男　「よくわかんねえよ」

泉　「自分の伯父さんのことでしょ。どうしてわからないの？」

満男　「つまりさ、きれいな花が咲いてるとするだろう。その花をそっとしておきたいなあっていう気持ちと、奪い取ってしまいたいっていう気持ちが、男にはあるんだよ」
泉　「へーえ」
満男　「あの伯父さんはどっちかと言うと、そっとしておきたいっていう気持ちの方が強いんじゃないかな」
泉　「じゃ、先輩はどうなの？」
満男　「えっ、俺？　俺は奪い取ってしまう方だよ。ブッ、なんちゃってね」
㊹男はつらいよ　寅次郎の告白

髪結いの亭主なら寅にもつとまると思いませんか、さくらさん

御前様　「そうそう、社長さんの話では寅は床屋さんの美しいおかみに恋をしているそうだね」
さくら　「嫌だわ、社長さんそんなおしゃべりしたんですか」

御前様　「髪結いの亭主なら寅にもつとまると思いませんか、さくらさん」
さくら　「どうでしょうか」
御前様　「二人が結ばれたら、門前町に小さな店を持たせて、週に一度そのきれいなおかみさんの手で私の頭を剃ってもらうのです」
さくら　「まあ、夢みたい」
御前様　「美しい人に頭を剃ってもらうのはいいものです。この男ときたら下手くそだし、手は汚いし、おまけに時々殺意を感じる」
剃刀をふりかざしていた源公、慌てる。
御前様　「私はいつかこの男に殺されるでしょう。南無妙法蓮華経」
㊺男はつらいよ　寅次郎の青春

美人に弱くってな、よせばいいのにすぐ好きになって、最後は必ず振られんだから

亜矢　「何考えとるの？　さっきから」
満男　「伯父さんたち、今頃何してるかなと思ってさ」
亜矢　「おかしな人やね、ええ歳した伯父さんのこと心配するやなんて」
満男　「いろいろあったんだよ、俺がガキんときから」
亜矢　「どんなこと？」
満男　「美人に弱くってな、よせばいいのにすぐ好きになって、最後は必ず振られんだから。一生あれで終わんのかなと思ってさ」
亜矢　「惚れっぽい人なんやね」
満男　「向こうがその気だったこともあるんだぜ」
亜矢　「ホント？」
満男　「だけど伯父さんの方が逃げ腰になっちゃうんだ。見てて歯痒くってさ」
亜矢　「じゃ、満男さんにも遺伝してるんや、フフッ」
満男　「あっ、どういう意味だよ？」
亜矢　「さあ？」

寒い冬の日、お母さんが、かじかんだ手を
じっと握ってくれた時のような、体の芯から温まるような暖かさ

㊻男はつらいよ　寅次郎の縁談

満男「伯父さん、どんな魅力があるんです?」
葉子「そうね、暖かいの。それも、電気ストーブのような暖かさじゃのうて、ほら、寒い冬の日、お母さんが、かじかんだ手をじっと握ってくれた時のような、体の芯から温まるような暖かさ」

㊻男はつらいよ　寅次郎の縁談

言ってみれば滅茶苦茶な人がだよ、
ああいう非常事態では意外な力を発揮する

博　「おい、兄さん神戸にいたんだぞ」
満男　「うん、今お店に寄ったらおばちゃんが話してくれたよ。ボランティアで活躍してたんだって、伯父さん？」
博　「ボランティアっていう言葉が当てはまるかどうか知らないけど、何ていうのかな、つまり兄さんみたいな既成の秩序もしくは価値観とは関係のない、言ってみれば滅茶苦茶な人がだよ、ああいう非常事態では意外な力を発揮する、まあそういうことになんのかなァ」

㊽男はつらいよ　寅次郎紅の花

あの厄介な人がいなくなってホッとしたりもしましたが、こうしてひとりで手紙を書いていると、ちょっぴり寂しくもあります

リリーから届いた手紙をさくらが読み始める。

リリー　「明けましておめでとうございます。みなさん、どんなお正月をお過ごしですか。さて、寅さんのことですが、一週間ほど前、例によってお酒の上で、ちょっとした口喧嘩をした翌朝、置き手紙をしていなくなってしまいました。あの厄介な人がいなくなってホッとしたりもしましたが、こうしてひとりで手紙を書いていると、ちょっぴり寂しくもあります。でもいつかまた、ひょっこり帰ってきてくれるかもしれません。もっとも、その日まで私がこの島に暮らし続けているかどうか、わかりませんけどね」

㊽男はつらいよ　寅次郎紅の花

第７章

満男へのメッセージ

㊻「男はつらいよ　寅次郎の縁談」

第1作のラストで誕生した満男の人生は、そのまま「男はつらいよ」の歴史と重なっている。第27作で満男役が吉岡秀隆に替わってから、徐々に劇中での存在感を増し、第42作「ぼくの伯父さん」でとうとう物語の中心を担うようになった。

私見で恐縮だが、この第42作のラストシーン（家出旅行から満男が戻り、勢揃いで迎えたくるまやの面々が、旅先からの寅の電話に応える）を観ると、一瞬「男はつらいよ」はここで一度終わったのではないか、と思えてしまう。寅が長年担い続けた荷を、とうとう満男に受け渡したことで、他の作品とはやや異質な、多幸感に満ちたエンディングになっている気がするのだ。もちろん喜ぶべきことに、映画はその後も終わらずに続いて、満男と寅はふたりでもう少しだけ彼らの「家族」と「恋」の物語を紡いでいってくれた。

一九八二年生まれの選者が劇場公開時に観られたのは最後の数作に過ぎず、その後VHSなどで過去作を遡る際にも、どこかで満男と自分を重ねているような部分があったような気がする。寅が満男にかける言葉は、決して順風満帆とは言えなかった若い頃の自分にとって、失敗や寄り道なんか気にするな、と励ましてくれるものだったし、現在の若い人たちにも、背中を押してくれる言葉として響くと思う。
魅力的な登場人物がたくさんいるなかで、満男と寅の関係にフォーカスしたこの章を設け、本書の最後に置けることをとても嬉しく思う。

お前もいずれ恋をするんだなあ、あ〜あ、可哀想に

食事のお盆を畳の上に置く満男。

満男　「伯父さん、具合いかがですか?」
寅　「満男――」
満男　「はい」
寅　「お前もいずれ恋をするんだなあ、あ〜あ、可哀想に」

㉙男はつらいよ　寅次郎あじさいの恋

第27作から吉岡秀隆が満男役につき、寅と満男が絡む場面はそれまでよりも次第に多くなっていった。この「寅次郎あじさいの恋」でも、満男は寅とかがり（いしだあゆみ）とのデートに無理矢理つきあわされることになる。恋に悩んで寝込んだ寅が呟いたこのセリフは、その後寅に代わって物語の中心に立つ満男を予言しているように聞くこともできる。

お姉さんと別れた後、伯父さん、電車の中で涙こぼしてた

さくら「ね、かがりさんとはどこで別れたの？」
満男「品川」
さくら「どうしたの満男。ん？　なに、何で悲しそうな顔してんの？」
博「おじさんと喧嘩したのか？」
　満男、黙って首を振る。
さくら「じゃ、なあに」
満男「お姉さんと別れた後、伯父さん、電車の中で涙こぼしてた。言っちゃいけないって言ったけどね。それでこれ買ってくれたんだ」

㉙男はつらいよ　寅次郎あじさいの恋

寅のデートをさくらに報告する満男。やや飛躍的な見方かもしれないが、この日見たおじさんの涙を満男はきっとずっと忘れずにいて、やがて大きくなってうまくいかない恋や思いを抱えるたびに思い返したはずなのだ。

満男が成長し、やがて寅の恋愛指南を受けたりするようになることを知って観ると、そんなふうに未来に想像力を延ばしていくことができる。それもこの映画ならではの愉しみ方だと思う。

人間は何のために生きてんのかな？

見送りに来た満男に、参考書でも買えと千円札数枚を渡し、カバンを受け取る寅。

満男　「伯父さん」
寅　「何だ？」
満男　「人間てさ」
寅　「人間？　人間どうした？」
満男　「人間は何のために生きてんのかな？」

寅　「何だお前、難しいこと聞くなあ、ええ？」

寅、しばし考える。

寅　「うーん、何て言うかな。ほら、ああ、生まれてきてよかったなって思うことが何べんかあるじゃない、ね。そのために人間生きてんじゃねえのか」

満男　「ふーん」

寅　「そのうちお前にもそういう時が来るよ、うん。まあ、がんばれ、なっ」

㊴男はつらいよ　寅次郎物語

大学へ行くのは何のためかな？

江戸川の土手に寝そべる寅と膝を抱えて座る満男。

満男　「伯父さん、質問してもいいか」

寅　「あんまり難しいことは聞くなよ」

満男「大学へ行くのは何のためかな？」

寅「決まってるでしょう、これは勉強するためです」

満男「じゃ何のために勉強すんのかな？」

寅「うん？　そういう難しいこと聞くなって言ったろう、お前に」

河原を眺めながら、寅、しばらく考える。

寅「――つまり、あれだよ、ほら、人間長いあいだ生きてりゃいろんなことにぶつかるだろう、な。そんな時に俺みてえに勉強していないやつは、この振ったサイコロで出た目で決めるとか、その時の気分で決めるよりしょうがない、な。ところが、勉強したやつは、自分の頭でキチンと筋道をたてて、はて、こういう時はどうしたらいいかなと考えることができるんだ。だからみんな大学へ行くんじゃないか。だろう？――久し振りにきちんとしたこと考えたら頭痛くなっちゃった」

㊵男はつらいよ　寅次郎サラダ記念日

何言ってんの、伯父さんは否定したんじゃなくて、否定されたのよ

満男「毎朝、満員電車に揺られながら考えちゃうんだ」
さくら「何を?」
満男「こういう生活が六十歳の定年まで続くのかなあって」
あっけにとられて満男の横顔を見つめるさくら。
満男「うらやましいなぁ」
さくら「誰が?」
満男「伯父さんだよ。だって、伯父さんはそういう生き方を否定したんだろう」
さくら「何言ってんの、伯父さんは否定したんじゃなくて、否定されたのよ、世の中に。あんたもそうなりたいの? いつまでも一人前扱いにされないで、兄弟や親戚に心配ばっかりかけて、そんな生き方のどこがいいの!」

さあ、満男、お前も一人前だ。さあ、一杯いこう

寅　「さあ、満男、お前も一人前だ。さあ、一杯いこう、うん」
満男「いただきます（グイッと酒をあおって、むせかえる）」
寅　「なんだ、おい、酒の飲み方から教えなきゃなんねえのか」
満男「どうやって飲むの」
寅　「どうやって。いいか、まず片手に盃《さかずき》を持つ。酒の香りを嗅ぐ、なっ。酒の匂いが鼻の芯にじーんっとしみ通ったころ、おもむろにひと口飲む。さあ、お酒が入っていきますよということを五臓六腑に知らせてやる、な。そこでここに出ているこのつきだし、これを舌の上にちょこっとのせる。これで酒の味がぐーんと良くなる。それからチビリ、チビリ。だんだん酒の酔いが体にしみ通っていく。それを何だお前、かけっこしてきたやつがサイダー飲むみたいにガーッと飲んで。胃袋が驚くよ、それじゃ。わかっ

たか？」

㊷男はつらいよ　ぼくの伯父さん

浪人中で恋に悩む満男を連れだし、酒の飲み方をレクチャーする寅。寅の語り口調はまさに酒の肴のように味わい深い。「男はつらいよ」という長い物語の看板が、寅から満男へと渡されようとしている場面だと思う。

だって恋というのは、美しい人を美しく思う気持ちのことだろう

満男　「その時から俺、全然勉強が手につかなくなっちゃって、参考書を見てるんだけど、頭の中はあの子のことで一杯なんだ。じっとしてるとだんだん胸が痛くなって、吐き気がしたりして。俺はバカじゃねえかな。自分が情けなくて」

寅　「恋をしてるのか、お前は。へえ、この間までアメ玉ひとつやりゃ喜んで飛んできたガキだと思っていたのに。ハァー、恋をする歳になったか」

満男「違うんよ、伯父さん。俺のは恋なんかじゃないよ」
寅「ほう、どう違うんだ」
満男「だって恋というのは、美しい人を美しく思う気持ちのことだろう」
寅「その通り」
満男「でも、俺のはちっとも美しくなんかないよ、不潔なんだよ。だって俺、ふと気づくと、あの子の唇とか胸とか、そんなことばっかり考えてんだよ。俺に、女の人を愛する資格なんか、ないよ」
寅「お前は正直だな。偉い。さすがは博の息子だ」
満男「俺のどこが偉いんだよ。調子のいいこと言うなよ」
寅「まあ、聞け。俺はな、学問つうものがねえからうまいことが言えねえけども、博がいつか俺にこう言ってくれたぞ。自分を醜いと知った人間は決してもう醜くねえって。なあ、考えてみろ、田舎から出てきて、タコの経営する印刷工場で職工として働いていたお前のオヤジが、三年間じーっとさくらに恋して、何を悩んでいたか？　今のお前と変わらないと思うぞ。

そんなオヤジをお前、不潔だと思うか？」

㊷男はつらいよ　ぼくの伯父さん

「自分を醜いと知った人間は決してもう醜くない」。寅は、かつて博から言われた言葉を満男へと伝え渡している（109ページ）。そしてそのうえで、第1作での博の姿までも引き寄せる。このように、ある一作のある場面、ある言葉が、他の作品の各部を引き寄せ響き合うことも「男はつらいよ」の大きな魅力だ。

そしてこの第42作以降、寅と満男はある種の「同志」として連帯していく。

僕は近頃、なぜかこの人に魅力を感じるんだ

第42作の冒頭、満男のナレーション。

満男「いつも人の世話ばかりやいていて、世間では変人扱いされている伯父さんだが、僕は近頃、なぜかこの人に魅力を感じるんだ」

㊷男はつらいよ　ぼくの伯父さん

軽いノリで、アイラブユー

泉の叔父から皮肉を言われて腹をたてた満男がバイクで帰路に着く。

満男「ごめんな」
泉「受験勉強、がんばってね」
満男「軽いノリでさ──」
泉「え？」
満男「あの……、軽いノリで、アイラブユー」

やにわに肩を抱き、キスをしようとするが、満男のヘルメットが泉の額とぶつかってしまう。

㊷男はつらいよ　ぼくの伯父さん

それだけ聞いても時代感のあるクサいセリフなのだが、この時期の満男の痛々しさをよく表す場面。似ているところもありながら、当然寅と満男は違うキャラクターであり、そんな満男がこの長大な絵巻のようなシリーズを引き受けるためには、寅とは違う弱さや情けなさが必要だったのだと思う。

こんなこと言うと、笑われるかもしれませんが、
私は、甥の満男は間違ったことをしていないと思います

泉がいる佐賀の祖父宅に泊った満男と寅。満男は前の晩、教師で叔父の嘉一に叱られた。

嘉一「正直言うて、保護者の私たちの了解もなく、バイクで突然来られたりするのは迷惑です。満男君の将来のためにもと思うて、きつか言葉で申し上げました。どうか二度と、こがんことの起こらんよう、御指導ください」
寿子「あなた、もうそのへんで。――寅さん」
寅「はい」
寿子「父は休んでおりますんで失礼します」

寅　「あ、そうですか。それは御丁寧にどうも。それでは、私も」

　　　表に出ようとして足を止め、振り返る。

寅　「先生――」

嘉一　「は？」

寅　「私のような出来損ないが、こんなこと言うと、笑われるかもしれませんが、私は、甥の満男は間違ったことをしていないと思います。慣れない土地へ来て、寂しい思いをしているお嬢さんを慰めようと、両親にも内緒で、はるばるオートバイでやって来た満男を、私はむしろ、よくやったとほめてやりたいと思います」

　　　　　　　　　　　　　　　　　　　　　　　㊷男はつらいよ　ぼくの伯父さん

　個人的な見解で恐縮だが、もしシリーズのなかで一場面だけ選ぶとするなら、私はきっとこの場面を選ぶと思う。満男の無様さを寅が力強く肯定するこの場面において、「男はつらいよ」という映画はとうとう別の局面へと、つまり長く続いた「寅の物語」から、「寅と満男の物語」へと移行することができたのではないか。この場面の寅は、何度見ても見るたびにしびれる格好良さである。

あんまりガキ扱いにすると満男が可哀想だぞ。
あいつはもう立派な大人なんだ。一人前に扱ってやれ

父に会いに行く泉と一緒に、満男が九州に向かったと聞いて。

博　「悪いんですけどね、僕たちは今、兄さんの恋愛至上主義なんかにつきあっている暇はないんですよ」

さくら　「私たちはあの子の親なのよ」

寅　「そうか、なるほどね。じゃお前が教育パパで、お前が教育ママか。ふん、大したもんだ、蛙のションベンだい」

三平　「そんなこと言うたらあきません」

寅　「うるせえな。いいか、俺だってな、お前みたいなバカ親父やバカかかあの面見るのはまっぴらだよ。あばよ」

さくら　「なんていう言い方するの、お兄ちゃん」

寅　「一言言っとく。あんまりガキ扱いにすると満男が可哀想だぞ。あいつはもう立派な大人なんだ。一人前に扱ってやれ。反省しろ、バカ」

㊸男はつらいよ　寅次郎の休日

満男、困ったことがあったらな、風に向かって俺の名前を呼べ。伯父さん、どっからでも飛んできてやるから

柴又駅のホームで満男からセーターをプレゼントされた寅。

満男　「でも、もし伯父さんに奥さんがいたら、きっとあったかいセーターを編んでくれんだろうけどな」

寅　「な、生意気なこと言いやがって、この野郎。ハハッ、なに言ってやんだい。俺はね、そういうの嫌いなんだよ、なっ。ほら、手編みのセーターなんか、俺着たらさ、体痒くなっちゃう。なっ、そういうこと」

さくら「負け惜しみ言って」

電車に乗り込む寅。電車の中から満男に言う。

寅「満男、困ったことがあったらな、風に向かって俺の名前を呼べ。伯父さん、どっからでも飛んできてやるから」

満男「うん」

㊸男はつらいよ　寅次郎の休日

タコ社長は、寅さんが一番幸せだとよく言うけど、伯父さんは本当に幸せなんだろうか

満男「伯父さん、人間は誰でも幸せになりたいと、そう思っている。僕だって幸せになることについて、もっと貪欲になりたいと考えている。でも、それじゃ幸せって何なんだろう。泉ちゃんは、お父さんは幸せそうに暮らしていると言ったけど、あのお父さんは本当に幸せなんだろうか。伯父さんのことについて言えば、タコ社長は、寅さんが一番幸せだとよく言うけど、伯父さんは本当に幸せなんだろうか。仮に伯父さん自身は幸せだと思っていたとしても、お母さんの目から見て、不幸せだとすれば、一体どっちが正しいのだろうか。人間は本当にわかりにくい生き物なんだなあと、近頃しみじみ僕は思うんだ――」

㊸男はつらいよ　寅次郎の休日

世の中で一番美しいものは恋なのに、どうして恋する人間はこんなにぶざまなんだろう

満男「伯父さん、世の中で一番美しいものは恋なのに、どうして恋する人間はこんなにぶざまなんだろう。今度の旅で僕がわかったことは、僕にはもう伯父さんのみっともない恋愛を笑う資格なんかないということなんだ。いや、それどころか、今の僕には恋する伯父さんのぶざまな姿が、まるで自

分のことのように悲しく思えてならないんだ。だから、僕はもう、これからは伯父さんを笑わないことに決めた。だって、伯父さんを笑うことは、僕自身を笑うことなんだからな」

㊹男はつらいよ　寅次郎の告白

思ってるだけで何もしないんじゃな、愛してないのと同じなんだよ

寅　「立ち入ったことを聞くようだけども、接吻はしたのか?」
満男　「まだしてないよ、そんなこと。妙な想像するのやめてくれよ」
寅　「じゃ、まあ、暗闇で手を握る程度か」
満男　「してない!」
寅　「何だよ、それじゃお前、泉ちゃんのこと愛してないのか」
満男　「今の僕の気持ちを、愛してるなんてそんな簡単な言葉で言えるもんか」
寅　「あー、ダメだ。それじゃ愛してないのと同じだよ」

満男「どうして？」
寅「思ってるだけで何もしないんじゃな、愛してないのと同じなんだよ。お前の気持ちを相手に通じさせなきゃ。愛しているなら態度で示せよ」
満男「どうすればいいんだよ」
寅「そりゃお前、たまに愛してますよとか、抱き締めてやったりとか、そんなこともできねえのか、この意気地なし。何にもできねえんだから、お前は、ったく」
満男「よっく言うよ、人のことだと思って。自分はどうなんだよ」

㊺男はつらいよ　寅次郎の青春

旅行したからってどうにかなるもんじゃないでしょう、伯父さんじゃあるまいし

就職活動をめぐって博と喧嘩をした満男。

さくら「ど、どうするの?」
満男「気晴らしにどっか旅行してくる」
さくら「やめなさいよ、そんなこと。旅行したからってどうにかなるもんじゃないでしょう、伯父さんじゃあるまいし。第一、まだ試験は残ってるんでしょう」

満男、伯父さんの顔をよーく見るんだぞ。わかるな、これが一生就職しなかった人間のなれの果てだ

竜造「ちょっと待てよ。色恋沙汰なら寅の出番かもしれねえけど、就職問題はちょっと複雑だからなあ」
つね「寅ちゃんのお説教をあの子が聞いてくれればいいけどね」
さくら「ね、どういう風に話すつもり、満男に会ったら?」

㊻男はつらいよ　寅次郎の縁談

寅　「決まってるじゃねえか。『満男、伯父さんの顔をよーく見るんだぞ。わかるな、これが一生就職しなかった人間のなれの果てだ。お前も、こうなりたいか？』」

竜造　「わかってるじゃないか、お前」

寅　「俺だって反省することはあるさ」

社長　「その言葉は効き目があるよ」

寅　「俺の顔をじっと見ていた満男は、ハッとするな。『ああ、伯父さんの言う通りだ。いけない、これからすぐ帰ろう柴又へ。そして堅気のサラリーマンになろう』荷物をその場でまとめて、すぐ帰ってくるよ、あいつは」

㊻男はつらいよ　寅次郎の縁談

何でこう親父っていうのは訳のわからないことばっかり言うんだろうと思ってたけど、今それと同じこと自分の息子にしてんだもんなあ

さくら「はあ、お兄ちゃんと会えるといいんだけどね、満男」

博「なあ、さくら。考えてみると、俺も子どもの時は親父がひたすら憎たらしくて、母親がいつも味方になってくれてたよ」

博の横顔に目をやるさくら。

博「何でこう親父っていうのは訳のわからないことばっかり言うんだろうと思ってたけど、今それと同じこと自分の息子にしてんだもんなあ」

㊻男はつらいよ　寅次郎の縁談

満男が映画のなかで生まれ育ったように、博も映画のなかで父親になり、父親としての経験を重ねてきた。思えば第1作には田舎を飛び出た博と父親の飈一郎《ひょういちろう》（志村喬）の和解が描かれていたし、その後も飈一郎は幾度か登場し印象深い姿を残している（第8作、第22作）。そのような

歴史を踏まえると、いっそう意味の深まる博の言葉である。

バカヤロー、男は諦めが肝心なんだ

船のデッキに佇む寅と満男。堤防の上を走ってくるのは亜矢だった。

亜矢　「満男さーん！」
満男　「亜矢ちゃーん！」
亜矢　「さようなら！」
満男　「伯父さん、俺やっぱり島に残るよ」
寅　「バカヤロー、男は諦めが肝心なんだ」

㊻男はつらいよ　寅次郎の縁談

満男の恋の指南役になった寅のひと言。ここまで長年「諦め」続けてきた伯父さんの言葉は重い。未練を隠さぬ満男の無様さは、寅の潔さ（という名の臆病さ）と好対照を示している。

そいつと勝負すりゃいいんだよ

大学の先輩の妹・菜穂と一緒に祭り見物をしている満男。

満男　「菜穂さん」
菜穂　「なあに？」
満男　「付き合っている人かなんか、いるの？」
菜穂　「え？」
満男　「男の友だち」
菜穂　「いてると思う？　それともいてへんと思う？」
　　背後で聞いていた寅が満男の耳元でささやく。
寅　「いたっていいじゃねえかよ」
　　ギョッとして振り返る満男。
寅　「そいつと勝負すりゃいいんだよ、いいな。お嬢ちゃん、こいつのことよろしく頼むよ」

⑰男はつらいよ　拝啓車寅次郎様

燃えるような恋をしろ。大声出して、のたうち回るような、恥ずかしくて死んじゃいたいような恋をするんだよ

満男「それがね、伯父さん、見事に振られたよ。ビシッとね」
寅「失恋はな、名誉の負傷じゃないんだから、偉そうに見せびらかすんじゃないんだよ」
満男「でも正直言ってホントはホッとしてるんだ。くたびれるもんな、恋するって」
寅「満男、ちょっとここへ来て座れ」
満男「なに？」
寅「くたびれたなんてことはな、何十ぺんも失恋した男の言う言葉なんだよ。

お前まだ若いじゃないか、ええっ。燃えるような恋をしろ。大声出して、のたうち回るような、恥ずかしくて死んじゃいたいような恋をするんだよ。ホッとしたなんて情けないこと言うな、バカヤロウ。淋しいよ、俺は」

㊼男はつらいよ　拝啓車寅次郎様

満男への力強い励ましには違いないが、寅の引退宣言のようにも聞こえてどこか淋しさも感じるセリフ。いつかのリリーの言葉（128ページ）も、この寅の言葉には響いているような気がする。

伯父さんは、他人の悲しみや寂しさがよく理解できる人間なんだ

満男「拝啓車寅次郎様――伯父さん、僕は近頃伯父さんに似てきたと言われます。言う人は悪口のつもりなんだけど、僕にはそれが悪口には聞こえないのです。伯父さんは、他人の悲しみや寂しさがよく理解できる人間なんだ。その点において、僕は伯父さんを認めているからです」

㊼男はつらいよ　拝啓車寅次郎様

いいじゃないか、無様で。若いんだもの

結婚式をぶち壊しにした満男を砂浜で問い詰める泉。

泉　「黙ってないで何とか言ってよ！　どうしてなの？　なぜなの？　なぜ！」
満男「それはね……」
泉　「何？」
満男「あのね……」
泉　「うん……」
満男「あの……」
泉　「言って！　訳を言って！」
満男「愛してるからだよ！」
泉　「もう一回言って！」

満男　「俺は、泉ちゃんを……、ワッ、危ねえ！」

足を滑らせ、海の中にひっくり返る。

寅　「ああ無様だねえ、あの男は。何とかなんないのかねえ」

リリー　「いいじゃないか、無様で。若いんだもの。私たちとは違うのよ」

㊽男はつらいよ　寅次郎紅の花

「男はつらいよ」シリーズ作品リスト

【原作】山田洋次
【監督】山田洋次（①、②、⑤〜㊾）、森崎東（③）、小林俊一（④）
【脚本】山田洋次（①〜㊾）、森崎東（①）、小林俊一（②、③）、宮崎晃（②〜⑥、⑪）、朝間義隆（⑦〜㊾）、栗山富夫（㉔）、レナード・シュレーダー（㉔）

作数・タイトル	公開日	マドンナ（役名）	あらすじ
① 男はつらいよ	昭44・8・27	光本幸子（冬子）	十六歳で家を出て二十年ぶりに柴又へ帰ってきた寅。さくらの見合いに付き添うがメチャクチャにしてしまい、また旅へ。旅先で旅行中の御前様と娘の冬子に再会し、恋におちる。
② 続 男はつらいよ	昭44・11・15	佐藤オリエ（夏子）	帰郷中の寅は中学時代の恩師と娘の夏子に再会。旅先の京都でも恩師親子に偶然出会い、恩師の勧めで京都で働く実母の菊に会いに行くが、感動の再会とはならず喧嘩別れに。
③ 男はつらいよ フーテンの寅	昭45・1・15	新珠三千代（志津）	タコ社長からきた見合い話の相手が昔なじみで妊娠中とわかり、寅は旅に出る。三重で旅館の美人女将・志津に出会って番頭として居着いたところを、おいちゃん夫婦に見つかる。
④ 新 男はつらいよ	昭45・2・27	栗原小巻（春子）	競馬で大儲けした寅が、おいちゃん夫婦をハワイ旅行に招待するも、旅行会社の社長が代金を持ち逃げ。立場のない寅は旅に出る。後に帰郷すると、二階に春子が下宿していた。

作数・タイトル	公開日	マドンナ（役名）	あらすじ
⑤ 男はつらいよ 望郷篇	昭45・8・25	長山藍子（節子）	世話になった親分の死を機に、堅気になる決心をして柴又に戻った寅だがタコ社長に採用を断られる。浦安の豆腐屋で働き始め、店主の娘・節子に恋した寅は店を継ぐ気になる。
⑥ 男はつらいよ 純情篇	昭46・1・15	若尾文子（夕子）	五島列島で望郷の念にかられた寅が柴又へ帰ると、おばちゃんの遠縁の夕子が二階に間借りしていた。夕子は夫と別居中なのだが、寅は一目惚れ。博の独立騒動も起きる。
⑦ 男はつらいよ 奮闘篇	昭46・4・28	榊原るみ（花子）	柴又に実母の菊が訪ねてくるが、大喧嘩となり寅は旅に出る。沼津で東北出身の花子と出会い、知的障害のある彼女を案じて、柴又で働かせる。寅は花子との結婚を本気で考える。
⑧ 男はつらいよ 寅次郎恋歌	昭46・12・29	池内淳子（貴子）	博の母の葬儀で、寅は博の父と意気投合。葬儀後も居着いてしまうが、説教されて柴又へ帰ってくる。すると、帝釈天の門前に喫茶店を開いた未亡人の貴子と出会い、通い詰める。
⑨ 男はつらいよ 柴又慕情	昭47・8・5	吉永小百合（歌子）	寅は旅先で出会ったＯＬ三人組と楽しいひとときを過ごして柴又へ帰ってくる。ＯＬの一人、歌子が柴又を訪れるようになり寅は喜ぶが、歌子は父を残しての結婚に迷っていた。
⑩ 男はつらいよ 寅次郎夢枕	昭47・12・29	八千草薫（千代）	柴又へ帰ると寅の部屋に東大助教授の岡倉が下宿していた。寅は面白くないが、近所で美容院を始めた幼なじみの千代と再会し、彼女が離婚したと聞いて寅はたちまち上機嫌に。
⑪ 男はつらいよ 寅次郎忘れな草	昭48・8・4	浅丘ルリ子（リリー）	北海道で寅は旅回りの歌手・リリーと出会って意気投合する。彼女と別れた寅は真面目に酪農家で働くが過労で倒れて柴又へ帰る。そこにリリーが現れて柴又の面々の優しさを知る。

作数・タイトル	公開日	マドンナ（役名）	あらすじ
⑫ 男はつらいよ 私の寅さん	昭48・12・26	岸惠子（りつ子）	おいちゃん一家が九州旅行に出かけるので、留守番役となった寅だったが、小学校の同級生に再会する。その妹で画家のりつ子と寅は大喧嘩するも仲直りし、熱い思いを抱く。
⑬ 男はつらいよ 寅次郎恋やつれ	昭49・8・3	吉永小百合（歌子）	島根で知り合った女性と結婚する気になった寅だが、蒸発していたはずの夫が戻ってきて、寅は旅に出る。津和野で歌子と再会すると、彼女は陶芸家の夫と死別していた。
⑭ 男はつらいよ 寅次郎子守唄	昭49・12・28	十朱幸代（京子）	妻に逃げられた子連れ男と飲み交わすも、翌朝、男は赤ん坊を置いて姿を消す。寅は赤ん坊を柴又へ連れ帰る。熱を出した赤ん坊がかかった病院の看護師の京子に寅は恋をする。
⑮ 男はつらいよ 寅次郎相合い傘	昭50・8・2	浅丘ルリ子（リリー）	会社員の謙次郎と旅する寅は函館でリリーと再会するも大喧嘩して帰郷。すると、柴又にリリーが現れる。さくらは恋人のような二人が一緒になってくれたらと願うのだが……。
⑯ 男はつらいよ 葛飾立志篇	昭50・12・27	樫山文枝（礼子）	寅が旅先から戻ると、二階に大学助手の礼子が下宿していた。寅は礼子に家庭教師をしてもらい伊達眼鏡で猛勉強。すると礼子の恩師である田所教授が恋のライバルに。
⑰ 男はつらいよ 寅次郎夕焼け小焼け	昭51・7・24	太地喜和子（ぼたん）	上野の大衆酒場で寅が出会った老人は日本画の大家だった。旅先で再び画家と出会い歓待を受ける。その宴席で芸者のぼたんと知り合い意気投合し、「世帯を持とう」と約束する。
⑱ 男はつらいよ 寅次郎純情詩集	昭51・12・25	京マチ子（綾）	旅先で警察の世話になり、猛省して帰郷した寅の前に、美しい綾が現れる。彼女は満男の産休教師の母だった。病に侵され余命いくばくもない綾を寅は懸命に励ます。

作数・タイトル	公開日	マドンナ（役名）	あらすじ
⑲ 男はつらいよ 寅次郎と殿様	昭52・8・6	真野響子（鞠子）	伊予の旅館で鞠子に一目惚れした寅。彼女にご馳走するが残った五百円札を飛ばしてしまう。札を拾ったのは、世が世なら伊予の殿様の藤堂だった。その後、殿様が柴又に来て……。
⑳ 男はつらいよ 寅次郎頑張れ！	昭52・12・24	藤村志保（藤子）	二階に下宿する良介の恋の指南役を買ってでた寅だが、あえなく失敗し、良介はガス自殺を図り大爆発。帰郷した良介を訪ねた寅だが、土産物屋で働く姉の藤子に惹かれる。
㉑ 男はつらいよ 寅次郎わが道をゆく	昭53・8・5	木の実ナナ（奈々子）	宿賃が払えない寅は柴又に帰郷。そこに、さくらの同級生で松竹歌劇団のスター、奈々子が現れる。一目惚れした寅は浅草のレビューに通うが、奈々子は踊りと結婚で悩んでいた。
㉒ 男はつらいよ 噂の寅次郎	昭53・12・27	大原麗子（早苗）	旅先の大井川で僧侶から「女難の相あり」と告げられた寅。再会した博の父に諭され帰郷すると、柴又で美しい早苗が働いていた。寅を慕う瞳も現れて「女難」は複雑な様相に。
㉓ 男はつらいよ 翔んでる寅次郎	昭54・8・4	桃井かおり（ひとみ）	北海道で寅が助けたひとみはマリッジブルーで一人旅をしているところだった。結婚式当日、ひとみがドレス姿でとらやに逃げてきて大騒動になる。
㉔ 男はつらいよ 寅次郎春の夢	昭54・12・28	香川京子（圭子）	柴又で困っていた米国人のマイケルが、満男の英語塾のめぐみ先生の母・圭子に助けられ、下宿する。そこにアメリカ嫌いの寅が帰郷して一触即発かと思いきや……。
㉕ 男はつらいよ 寅次郎ハイビスカスの花	昭55・8・2	浅丘ルリ子（リリー）	柴又の寅に沖縄で入院したリリーから「一目逢いたい」と手紙が届く。飛行機嫌いの寅だが病院に駆けつけ献身的に看病する。退院後、沖縄で一緒に暮らし始めるのだが……。

作数・タイトル	公開日	マドンナ（役名）	あらすじ
㉖ 男はつらいよ 寅次郎かもめ歌	昭55・12・27	伊藤蘭（すみれ）	寅がテキ屋仲間の墓参りに奥尻島を訪ねると、一人娘のすみれが残されていた。東京で働きながら定時制高校に通いたいというすみれを柴又に連れ帰り、学校に通わせる。
㉗ 男はつらいよ 浪花の恋の寅次郎	昭56・8・8	松坂慶子（ふみ）	瀬戸内の小島で美貌のふみと知り合った寅。数日後、大阪で芸者をしているふみと再会する。ふみが幼いころ生き別れた弟の英男に一緒に会いに行くが、ひと月前に病死していた。
㉘ 男はつらいよ 寅次郎紙風船	昭56・12・29	音無美紀子（光枝）	相部屋になった家出娘と道連れの旅となった寅。テキ屋仲間の常三郎の妻・光枝と神社で再会。病床の常三郎を見舞うと「俺が死んだらあいつを女房にしてくれ」と言われ……。
㉙ 男はつらいよ 寅次郎あじさいの恋	昭57・8・7	いしだあゆみ（かがり）	鴨川のほとりで寅は老人の下駄の鼻緒をすげ替えてやる。お礼にと先斗町の茶屋に連れて行かれ、老人は人間国宝の陶芸家だと判明。その屋敷で働くかがりに寅はのぼせあがる。
㉚ 男はつらいよ 花も嵐も寅次郎	昭57・12・28	田中裕子（螢子）	旅先の大分で三郎（沢田研二）と螢子と知り合った寅。螢子に恋をした三郎は二枚目だが口下手。寅が恋の指南役を買ってでるのだが、螢子から色よい返事は聞かれず……。
㉛ 男はつらいよ 旅と女と寅次郎	昭58・8・6	都はるみ（はるみ）	佐渡島に渡ろうとする寅に女が声をかけた。失踪中の大物演歌歌手・はるみだった。一緒に旅を楽しんだ後、はるみは仕事に復帰。ある日、はるみが柴又に現れて大騒ぎに。
㉜ 男はつらいよ 口笛を吹く寅次郎	昭58・12・28	竹下景子（朋子）	博の父の墓参りに来た寅は、住職と娘の朋子と知り合う。二日酔いで法事に行けなくなった住職の代役を寅が勤め上げて評判に。さくら夫婦が法要に訪れると袈裟姿の寅がいた。

作数・タイトル	公開日	マドンナ（役名）	あらすじ
㉝ 男はつらいよ 夜霧にむせぶ寅次郎	昭59・8・4	中原理恵（風子）	寅は釧路でフーテンの風子と知り合い旅の道連れに。別れ際、連れていってほしいと懇願する風子に、寅は堅気の生活をしろと諭す。ところが風子はトニーと一緒に上京していた。
㉞ 男はつらいよ 寅次郎真実一路	昭59・12・28	大原麗子（ふじ子）	上野で飲んでいた寅に証券マンの富永が奢ってくれた。後日、富永が失踪し、寅は彼の妻・ふじ子と一緒に鹿児島へ捜索の旅に出る。しかし寅は人妻に心を寄せる浅ましさに悩む。
㉟ 男はつらいよ 寅次郎恋愛塾	昭60・8・3	樋口可南子（若菜）	五島列島で助けた老婆が急逝し、葬儀で孫娘の若菜と出会った寅。後日、東京に住む若菜を訪ねると、そこには彼女に思いをよせる民夫がいた。彼のために恋愛塾を開講する寅だった。
㊱ 男はつらいよ 柴又より愛をこめて	昭60・12・28	栗原小巻（真知子）	夫婦仲が悪くて家出したタコ社長の娘・あけみを迎えに寅は下田に向かう。帰宅を拒むあけみと式根島を訪れた寅は、美人教師の真知子に出会って恋におちる。
㊲ 男はつらいよ 幸福の青い鳥	昭61・12・20	志穂美悦子（美保）	旅一座の座長が亡くなり、線香を上げに行った寅は、一人娘の美保と出会う。美保が上京するも寅は留守。チンピラに絡まれたところを健吾（長渕剛）に助けられる。
㊳ 男はつらいよ 知床慕情	昭62・8・15	竹下景子（りん子）	知床で獣医の順吉（三船敏郎）と知り合い意気投合した寅。翌日、順吉の反対を押し切って結婚した娘のりん子が離婚して戻ってきた。ぎこちない親子の仲を寅が取り持つ。
㊴ 男はつらいよ 寅次郎物語	昭62・12・26	秋吉久美子（隆子）	テキ屋仲間の一人息子・秀吉が寅を訪ねてきた。二人は母を探す旅に出るが、秀吉が病気で倒れてしまう。隣室の隆子も一緒に看病しているうちに、いつしか寅と隆子は……。

作数・タイトル	公開日	マドンナ（役名）	あらすじ
㊵ 男はつらいよ 寅次郎サラダ記念日	昭63・12・24	三田佳子（真知子）	信州で老婆の家に泊まった寅は、翌日、老婆を迎えに来た女医の真知子と知り合う。柴又へ帰った寅は、東京の実家に戻っていた真知子から電話をもらい、再会をはたす。
㊶ 男はつらいよ 寅次郎心の旅路	平元・8・5	竹下景子（久美子）	自殺を図ったサラリーマンの兵馬を助けた寅は、彼に誘われてウィーン旅行へ。途中で迷子になった寅は、現地ガイドの久美子と知り合い、悩みを聞くうちに恋におちてしまう。
㊷ 男はつらいよ ぼくの伯父さん	平元・12・27	檀ふみ（寿子） 後藤久美子（泉）	浪人生の満男は高校時代の後輩の泉に想いを寄せて、勉強に身が入らない。家出した満男は偶然にも寅と出会い、佐賀に住む叔母・寿子のもとにいる泉に二人で会いに行く。
㊸ 男はつらいよ 寅次郎の休日	平2・12・22	夏木マリ（礼子） 後藤久美子（泉）	大学に合格した満男のもとに泉が訪ねてくる。離婚した父に会うための上京だったが、父は九州にいた。九州に向かう満男と泉を、寅と泉の母・礼子も一緒に追いかける。
㊹ 男はつらいよ 寅次郎の告白	平3・12・23	吉田日出子（聖子） 後藤久美子（泉）	母との関係がしっくりいかない泉は鳥取に家出するが、偶然にも寅と再会する。泉から便りをもらった満男も合流。寅は昔なじみの聖子の料理屋へ二人を連れて行くことに。
㊺ 男はつらいよ 寅次郎の青春	平4・12・26	風吹ジュン（蝶子） 後藤久美子（泉）	寅は宮崎で理容師の蝶子と知り合う。そこで友人の結婚式で訪れた泉と再会する。寅は石段を踏み外してケガをし、その見舞いを口実に満男も合流するのだが……。
㊻ 男はつらいよ 寅次郎の縁談	平5・12・25	松坂慶子（葉子）	就職活動に悩む満男が博と喧嘩して家出。満男が瀬戸内の琴島にいるとわかり、寅が迎えに行く。すると、満男が世話になっている家には病気療養中の葉子がいた。

作数・タイトル	公開日	マドンナ（役名）	あらすじ
㊼ 男はつらいよ 拝啓車寅次郎様	平6・12・23	かたせ梨乃（典子）	靴メーカーに就職した満男は先輩に誘われ滋賀の祭りに。一方の寅は、琵琶湖のほとりで旅行中の人妻・典子と出会う。ケガをした典子を介抱して寅は冷え切った夫婦仲を知る。
㊽ 男はつらいよ 寅次郎紅の花	平7・12・23	浅丘ルリ子（リリー） 後藤久美子（泉）	満男の会社に泉が突然訪ねてきて結婚するという。傷心の満男は泉の結婚をぶち壊してしまい、奄美大島へ行く。すると、あのリリーと再会した。さらにリリーの家には寅がいた。
㊾ 男はつらいよ 寅次郎ハイビスカスの花 特別篇	平9・11・22	浅丘ルリ子（リリー）	静岡に出張した満男は通り過ぎる列車の向こうに寅の幻影を見る。ふと、沖縄のリリーから来た手紙を思い出す。大嫌いな飛行機で駆けつけた寅とリリーは夫婦のようだった。

滝口悠生（たきぐち ゆうしょう）

小説家。1982年東京都生まれ。埼玉県育ち。2011年「楽器」で第43回新潮新人賞受賞。「男はつらいよ」をモチーフにした“寅さん小説”『愛と人生』で第28回三島由紀夫賞候補、第37回野間文芸新人賞受賞。『死んでいない者』で第154回芥川賞受賞。著書に『寝相』、『ジミ・ヘンドリクス・エクスペリエンス』、『茄子の輝き』、『高架線』、『やがて忘れる過程の途中（アイオワ日記）』がある。

文春新書

1242

いま、幸《しあわ》せかい？ 「寅《とら》さん」からの言葉《ことば》

2019年12月20日 第1刷発行

選　者　　滝 口 悠 生
発行者　　大 松 芳 男
発行所　株式会社　文 藝 春 秋

〒102-8008 東京都千代田区紀尾井町3-23
電話（03）3265-1211（代表）

印刷所　　理 想 社
付物印刷　大 日 本 印 刷
製本所　　加 藤 製 本

定価はカバーに表示してあります。
万一、落丁・乱丁の場合は小社製作部宛お送り下さい。
送料小社負担でお取替え致します。

ISBN978-4-16-661242-0